CANEUON ISLWYN FFOWC ELIS

Argraffiad cyntaf: Mawrth 1988
Trydydd argraffiad: 2019

Y clawr gan Helen Morgan
Llun y clawr ôl gan Geraint Davies

Y trefiannau cerddorol gan Robat Arwyn; y sol-ffa gan Rhidian Griffiths;
cysodwyd y gerddoriaeth gan MSS Studios, Ferndown.

Rhif Llyfr Safonol Rhyngwladol: 978 0 86243 156 3

Argraffwyd a chyhoeddwyd yng Nghymru
gan Y Lolfa Cyf., Talybont, Ceredigion, SY24 5HE
www.ylolfa.com / 01970 832304

CANEUON ISLWYN FFOWC ELIS

TREFNWYD GAN ROBAT ARWYN

y Lolfa

I'm cyfaill

Robin Williams

tad maeth y caneuon hyn.
Ef a ddywedodd wrth Dr Sam Jones
ym 1947, "Mae Islwyn hefyd yn medru
gneud caneuon." Ei gyfrifoldeb
sydd fawr.

RHAGAIR

Aeth ugain mlynedd heibio, gwae fi, er pan ofynnodd Gwasg Y Lolfa imi gasglu rhai o'm caneuon i'w cyhoeddi'n llyfryn. Addewais innau wneud hynny. Bob rhyw bedair neu bum mlynedd wedyn byddai'r Bnr Robat Gruffydd yn f'atgoffa'n dyner am f'addewid. Finnau, mewn sachliain a lludw, yn ailaddo mynd ati'n syth. Dechrau arni, a danto, chwedl Cymry'r De. Bu amynedd Y Lolfa bron yn oruwchddynol. Ugain mlynedd!

Ond—ymesgusodi'r ydw i rŵan, wrth gwrs—fedrwn i ddim paratoi'r caneuon ar gyfer y wasg fy hunan. Roedd yn rhaid cael cerddor go-iawn i'w trefnu. Un chwarter o wersi piano a gefais i, a hynny pan oeddwn i'n bymtheg oed. Roeddwn i eisoes, ers rhai blynyddoedd, yn canu'r hen harmoniam gartre wrth y glust. Methiant fu'r gwersi piano. Mi fedrwn lunio geiriau ac alaw a chynghanedd (o fath) a sgriblo'r rheini yn fy hoff sol-ffa, ond mae'r Hen Nodiant mor ddyrys imi heddiw ag erioed.

Y llynedd, fodd bynnag, fe gytunodd y cerddor a'r cyfansoddwr dawnus Robat Arwyn i drefnu fy nhipyn caneuon. Aeth ati'n syth ag egni mawr, a chyn pen ychydig fisoedd roedd ei waith wedi'i orffen. Mae fy nyled a'm diolch yn fawr i Robat Arwyn.

Rwy'n edifar erbyn hyn na fyddwn wedi ufuddhau'n syth i gais Y Lolfa ugain mlynedd yn ôl. Y pryd hwnnw doedd y twrw roc ddim wedi byddaru'r byd pop Cymraeg. Roedd y canu protest gwefreiddiol yn ei anterth, mae'n wir, ond yng nghanol y chwe degau fyddai'r caneuon hyn—y rhan fwyaf ohonyn nhw eisoes yn hen bryd hynny—ddim yn swnio mor ferfaidd. Erbyn hyn . . . ond fe gawn weld.

Plentyn ei gyfnod, er gwell neu er gwaeth, yw pob un ohonom. Canu Eingl-Americanaidd y radio yn y tri a'r pedwar degau oedd y canu ysgafn cyntaf a glywais i. Os oes gormod o dinc y canu hwnnw yn y caneuon hyn, gobeithio na feiir gormod arnaf. Fe luniwyd y rhain bron i gyd yn niwedd y pedwar degau a dechrau'r pum degau. Plant eu cyfnod ydyn nhw hefyd. Ond rhyw ddydd, efallai yr â rhywrai ati i gasglu caneuon ysgafn y cyfnodau fel y buwyd yn casglu alawon gwerin. Canu pop y bobol oedd y rheini hefyd ryw dro.

I'w darlledu, ar gais Dr Sam Jones i ddechrau ac Ifan O. Williams wedyn, y lluniwyd y caneuon hyn bron i gyd. Mi garwn ddiolch i bawb a fu'n eu canu ac i bawb a fu ynglŷn â'u darlledu. Ond rhaid imi gael diolch i un wrth ei enw. Ac egluro pam.

Does gen i ddim syniad erbyn hyn faint o ganeuon a luniais, y mwyafrif mawr ohonyn nhw rhwng 1947 a 1959. Yn y dyddiau hynny unwaith yn unig, fel arfer, y darlledid caneuon ysgafn Cymraeg, a'u taflu i ebargofiant wedyn. Doedd dim sôn am eu recordio'n fasnachol, ac anaml y byddai ailddarlledu. Roedd eisiau cân newydd ar gyfer pob rhaglen, ac weithiau bump neu chwech. Aeth ugeiniau o'r caneuon undydd hyn ar goll. Doedd gen i ddim copi o gwbwl o rai, ac roeddwn i wedi anghofio'n lân am eraill.

Ond fe lwyddodd fy nghyfaill Tudwal Roberts o Fangor, cynorthwy-ydd sain—mae'n well gen i'r hen deitl 'rheolwr stiwdio'—gyda'r BBC er y pedwar degau, i ddod o hyd i nifer helaeth o'r caneuon coll. Oni bai am ei gymwynas ef ni ellid paratoi'r casgliad hwn. Mae fy niolch yn fawr iddo yntau.

Rwy'n ddiolchgar hefyd i Mr Meirion Ll.Williams am ganiatâd i ddefnyddio geiriau ei dad, y diweddar Barchedig Huw Llewelyn Williams, i gân 'Yr Olwyn Fawr'. Diolch i Gwmni Cyhoeddi EMI, Cyf., am ganiatáu i'r Lolfa ailgyhoeddi 'Y Sipsiwn'. A diolch, wrth gwrs, i Wasg Y Lolfa am ddangos cymaint o ffydd a gofal ac amynedd, ac am y gwaith argraffu trawiadol y mae'r Wasg hon mor enwog amdano.

Llanbedr Pont Steffan
Mehefin 1987

ISLWYN FFOWC ELIS

CYNNWYS

AVIGNON

Doh F

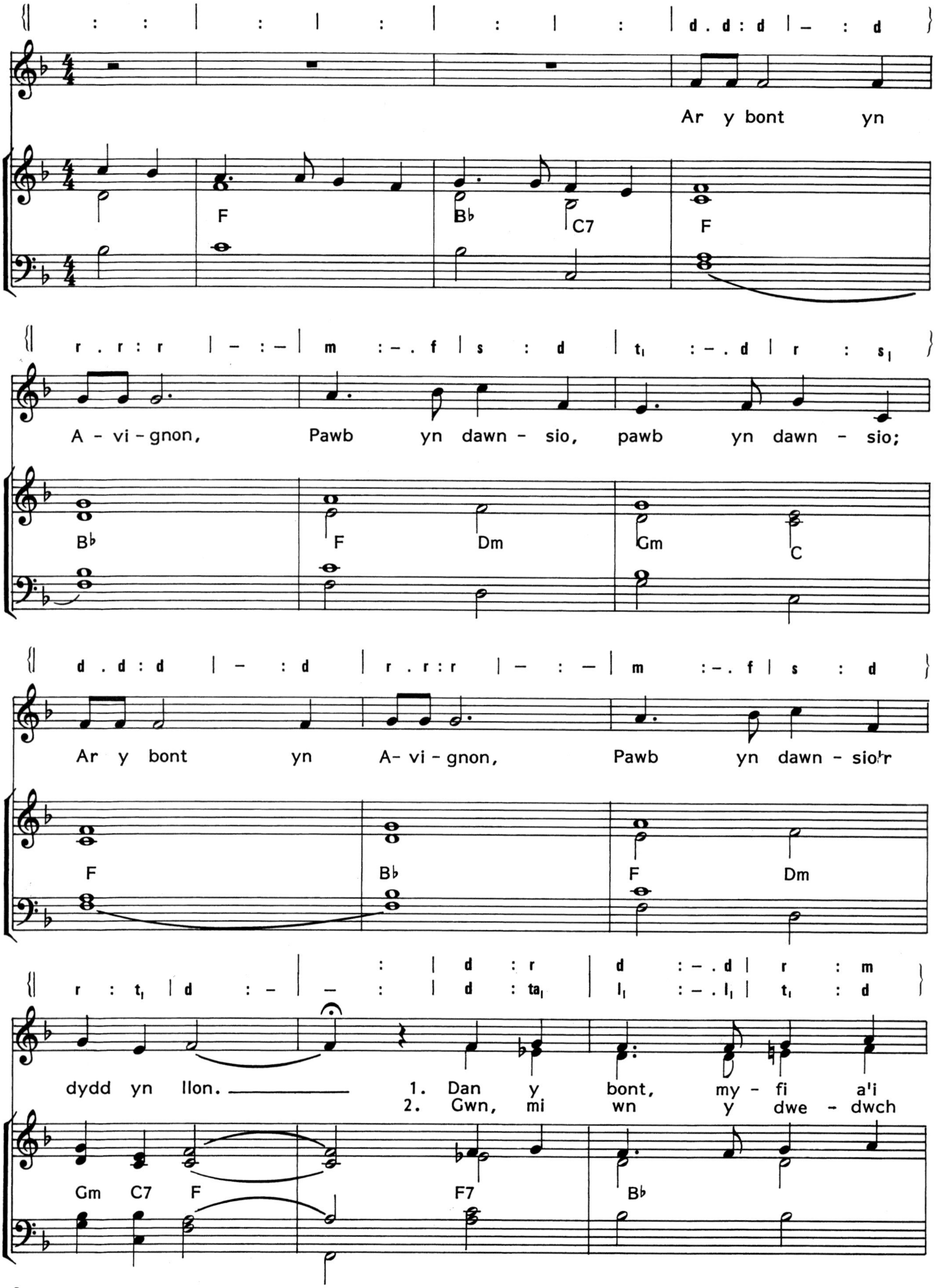

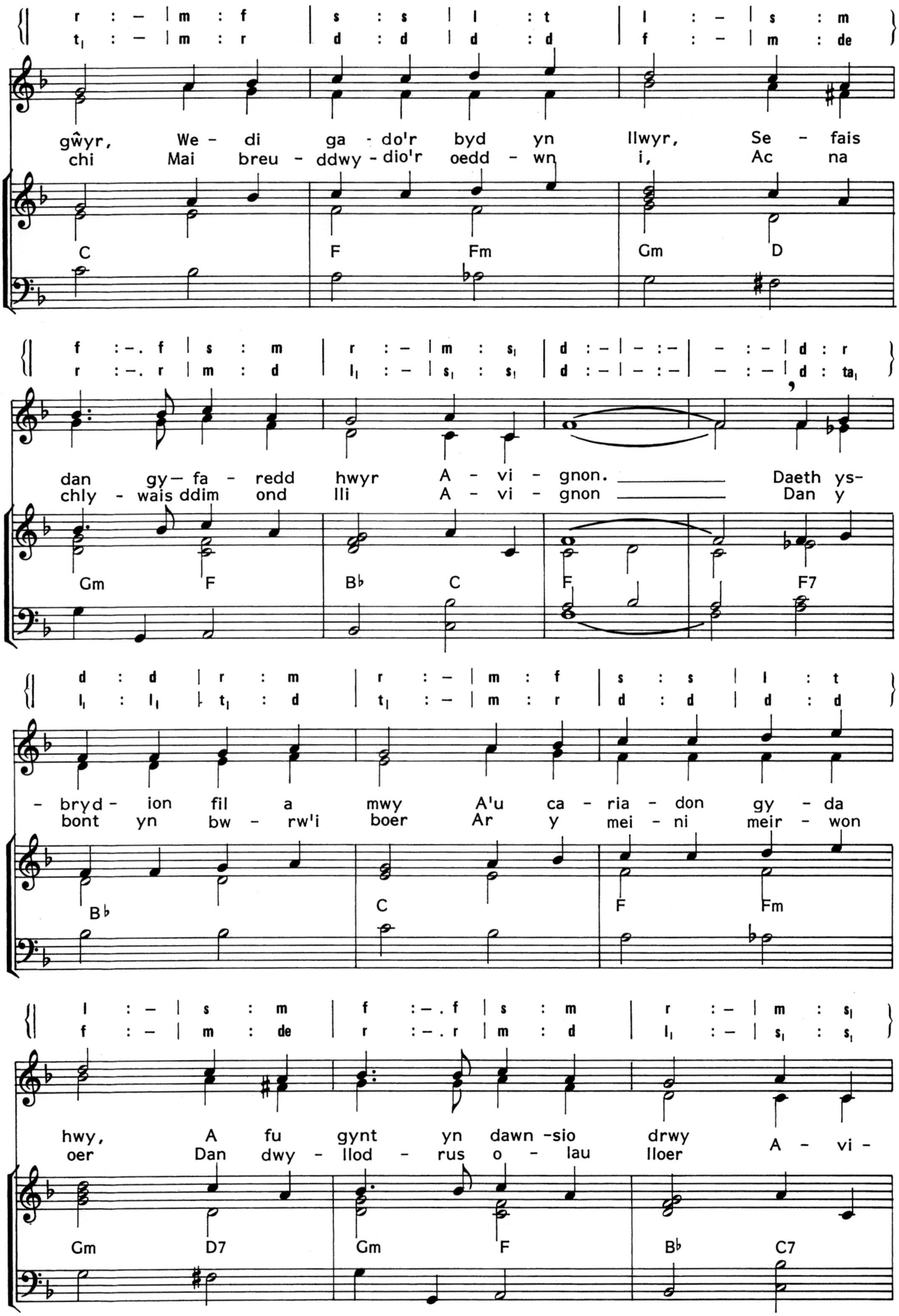
r : – | m : f | s : s | l : t | l : – | s : m
t, : – | m : r | d : d | d : d | f : – | m : de
gŵyr, We - di ga - do'r byd yn llwyr, Se - fais
chi Mai breu - ddwy - dio'r oedd - wn i, Ac na
C F Fm Gm D
f : –. f | s : m | r : – | m : s, | d : – | – : – | – : – | d : r
r : –. r | m : d | l, : – | s, : s, | d : – | – : – | – : – | d : ta,
dan gy — fa - redd hwyr A - vi - gnon. Daeth ys-
chly - wais ddim ond lli A - vi - gnon Dan y
Gm F B♭ C F F7
d : d | r : m | r : – | m : f | s : s | l : t
l, : l, | t, : d | t, : – | m : r | d : d | d : d
- bryd - ion fil a mwy A'u ca - ria - don gy - da
bont yn bw - rw'i boer Ar y mei - ni meir - won
B♭ C F Fm
l : – | s : m | f : –. f | s : m | r : – | m : s,
f : – | m : de | r : –. r | m : d | l, : – | s, : s,
hwy, A fu gynt yn dawn - sio drwy A - vi -
oer Dan dwy - llod - rus o - lau lloer
Gm D7 Gm F B♭ C7

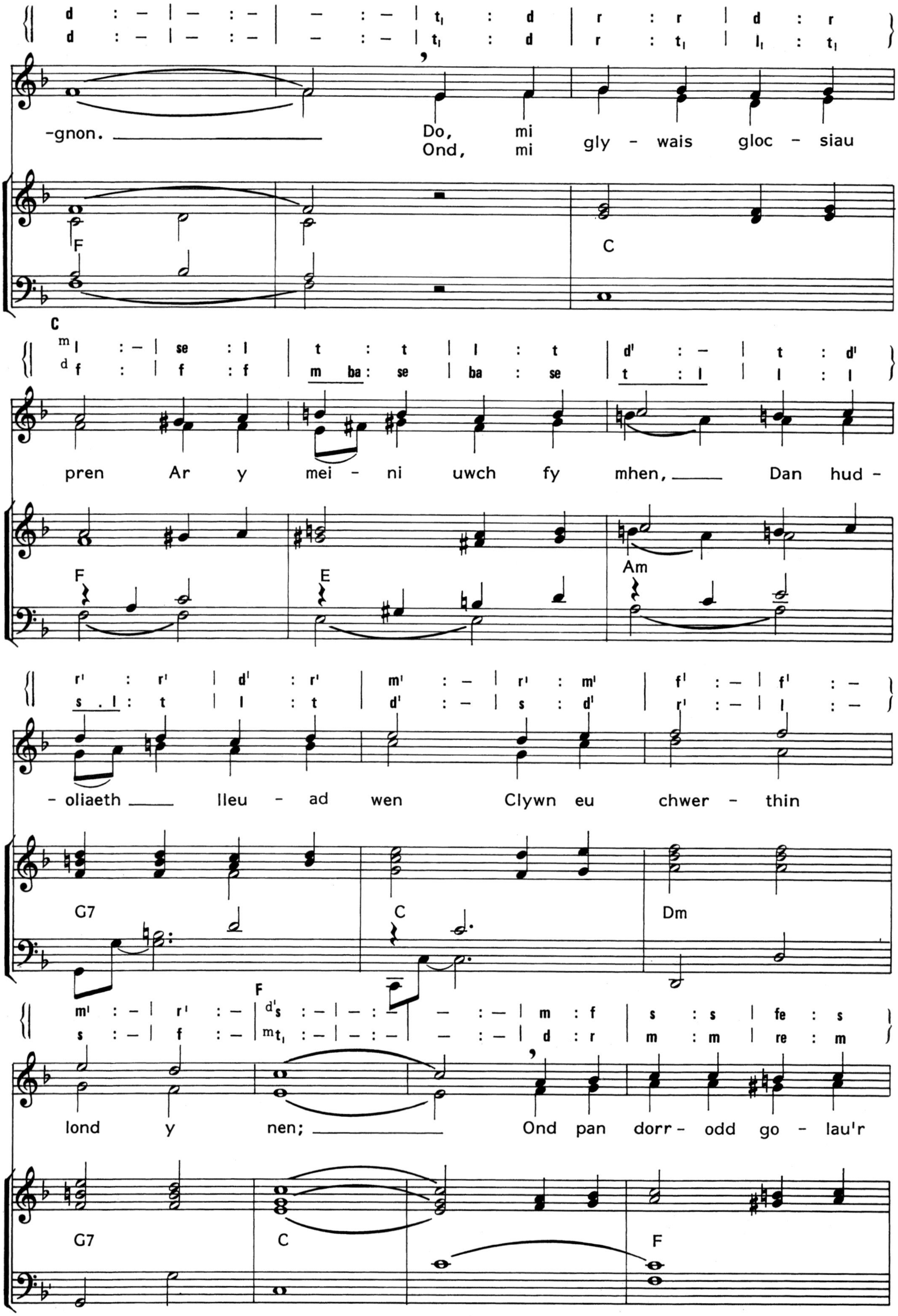
-gnon. Do, mi gly - wais gloc - siau
Ond, mi
F C
pren Ar y mei - ni uwch fy mhen, Dan hud -
F E Am
-oliaeth lleu - ad wen Clywn eu chwer - thin
G7 C Dm
lond y nen; Ond pan dorr - odd go - lau'r
G7 C F

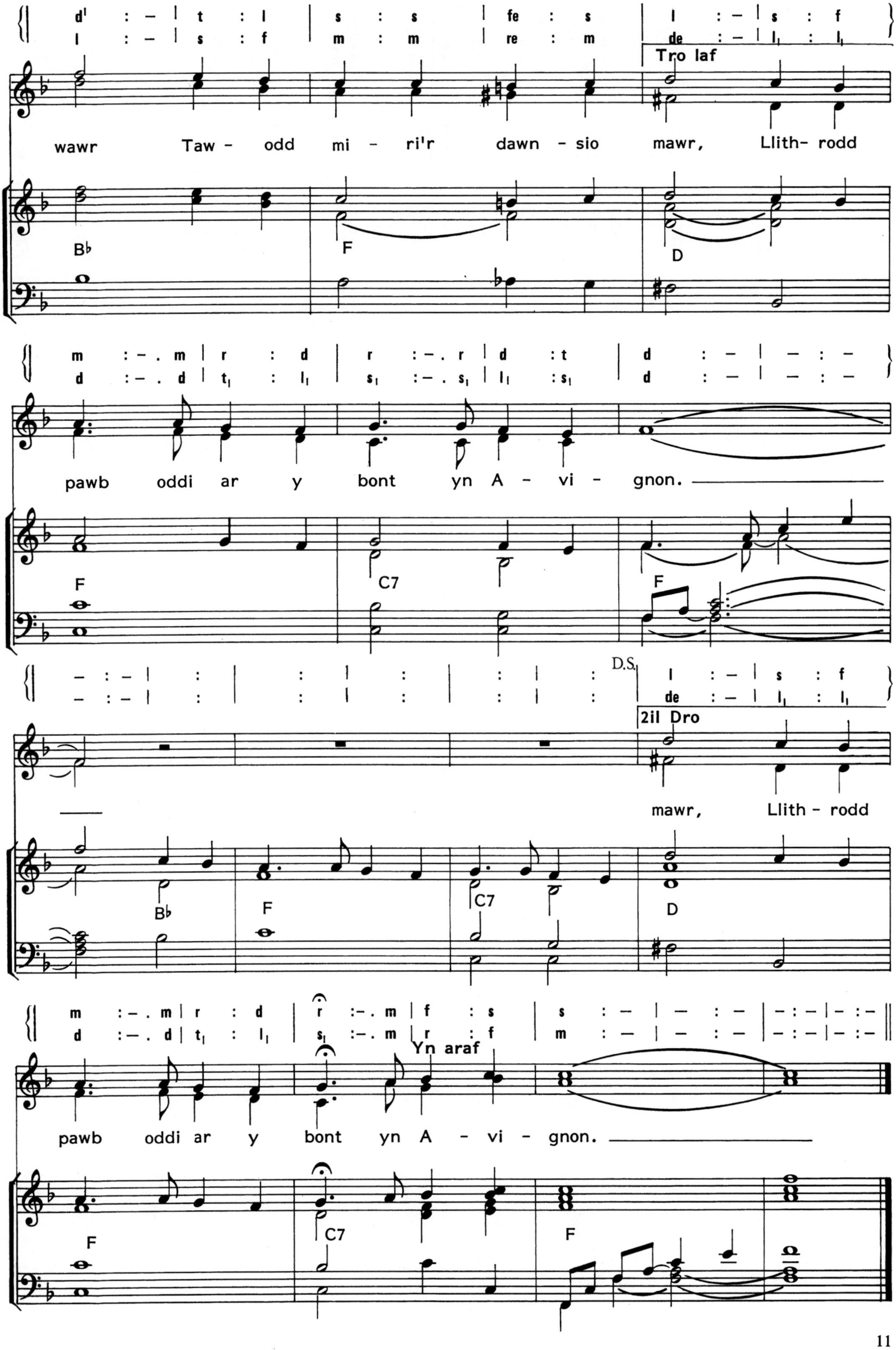
Tro laf
wawr Taw - odd mi - ri'r dawn - sio mawr, Llith- rodd
B♭ F D
pawb oddi ar y bont yn A - vi - gnon.
F C7 F
D.S.
2il Dro
mawr, Llith - rodd
B♭ F C7 D
Yn araf
pawb oddi ar y bont yn A - vi - gnon.
F C7 F

Doh E♭

FY LLONG FACH ARIAN I

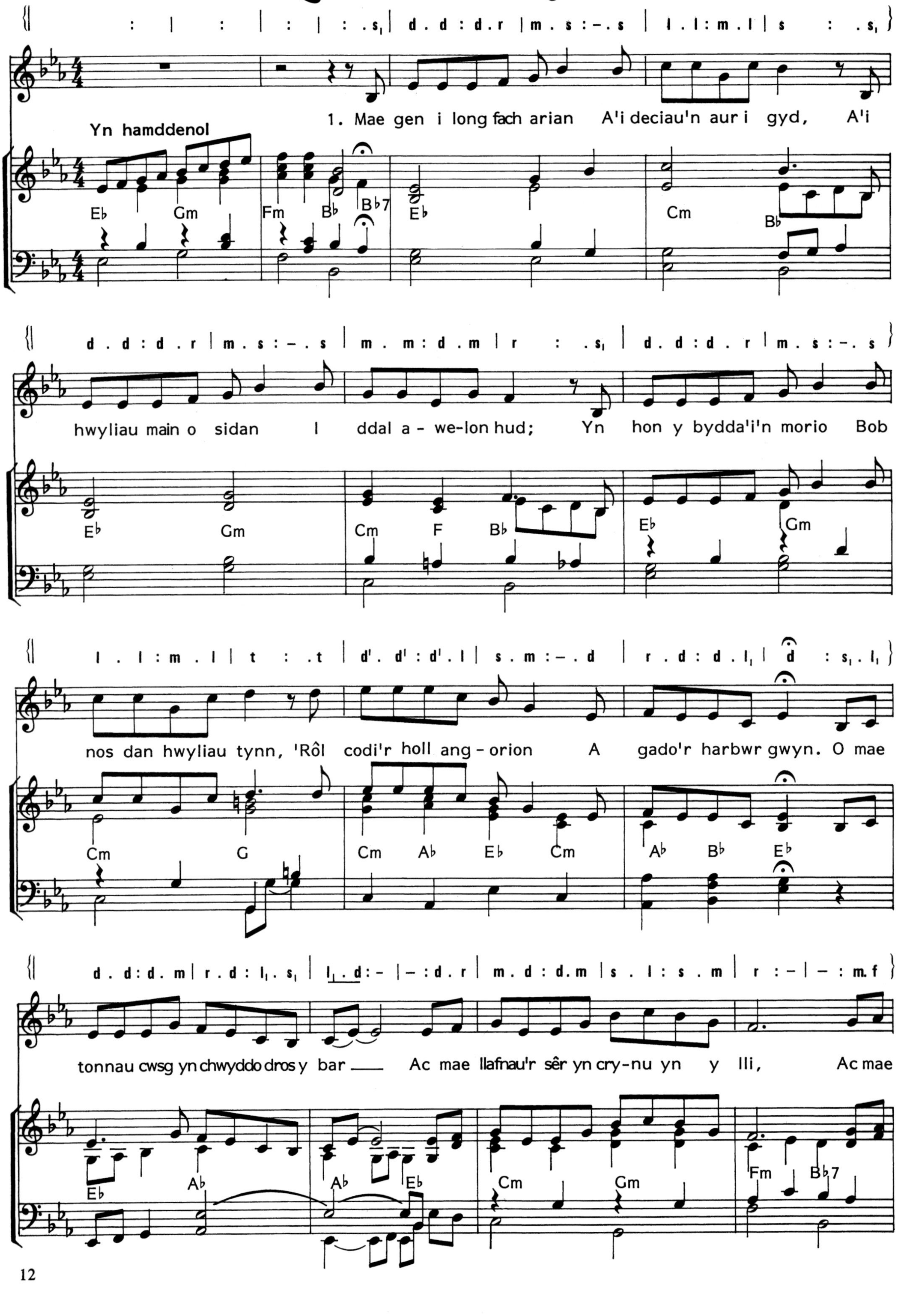

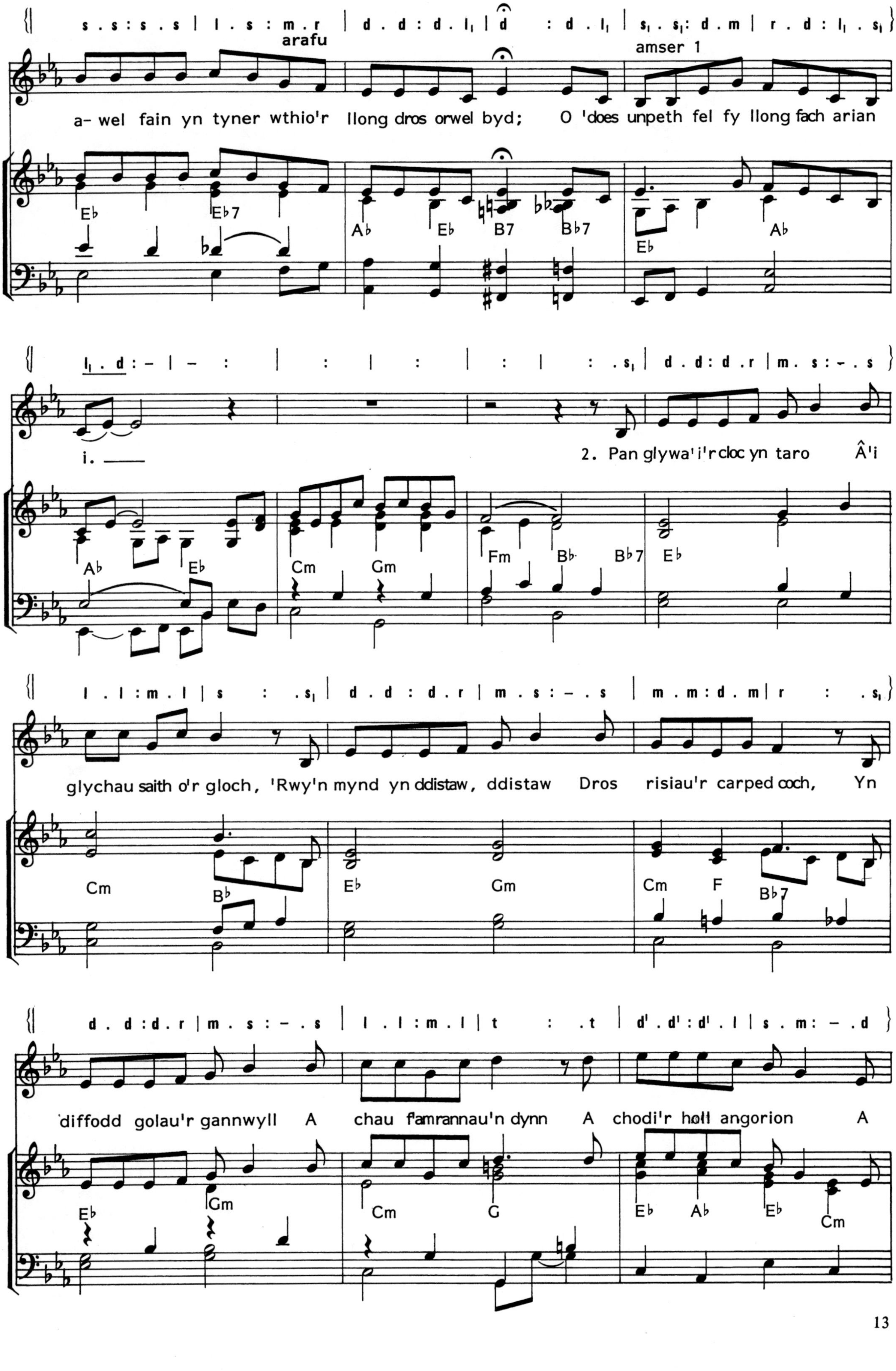
arafu
amser 1
a- wel fain yn tyner wthio'r llong dros orwel byd; O 'does unpeth fel fy llong fach arian
i. ——
2. Pan glywa'i'r cloc yn taro Â'i glychau saith o'r gloch, 'Rwy'n mynd yn ddistaw, ddistaw Dros risiau'r carped coch, Yn
'diffodd golau'r gannwyll A chau f'amrannau'n dynn A chodi'r holl angorion A

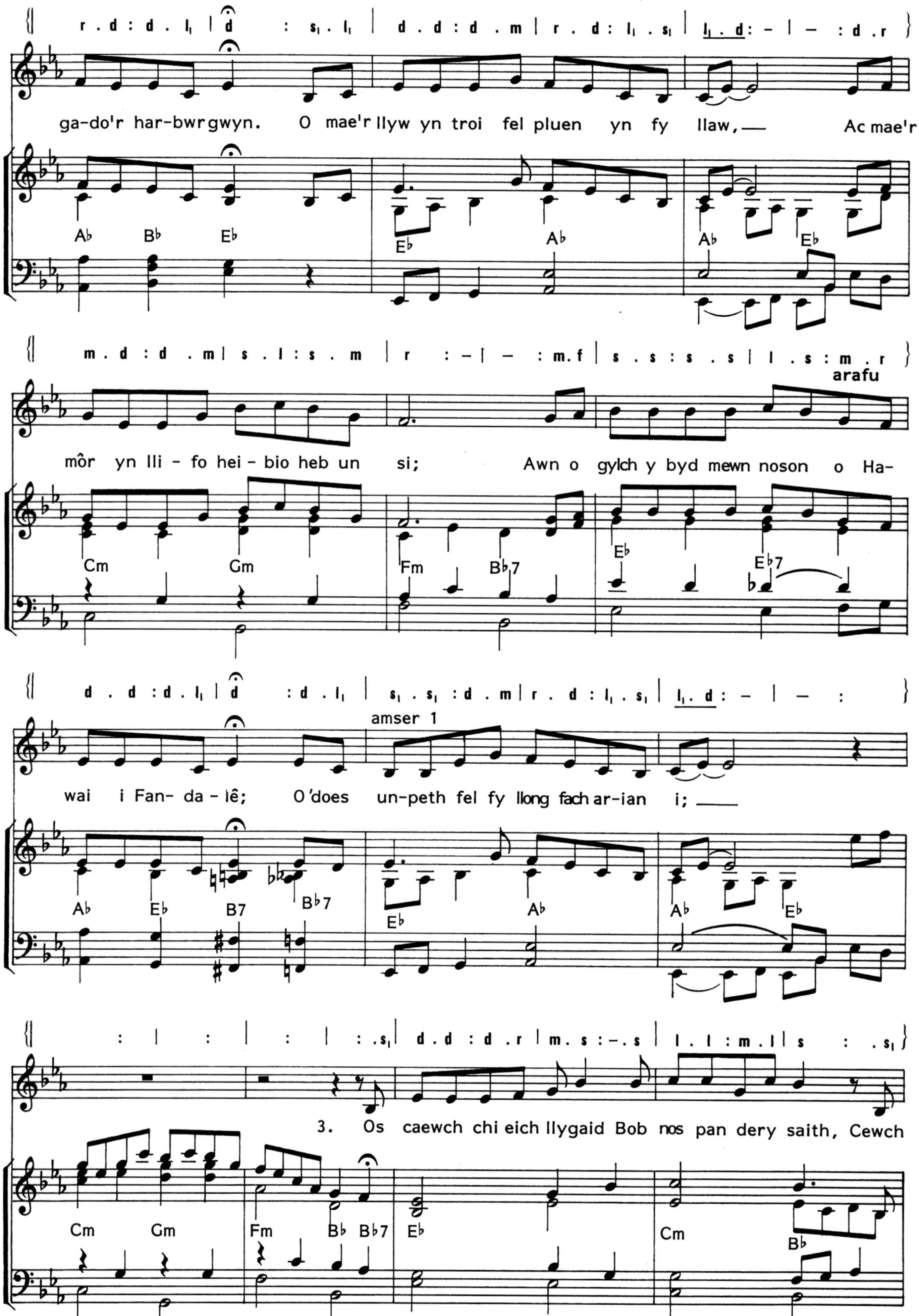
r . d : d . l, | d : s, . l, | d . d : d . m | r . d : l, . s, | l, . d : – | – : d . r
ga-do'r har-bwrgwyn. O mae'r llyw yn troi fel pluen yn fy llaw,— Ac mae'r
A♭ B♭ E♭ E♭ A♭ A♭ E♭
m . d : d . m | s . l : s . m | r : – | – : m . f | s . s : s . s | l . s : m . r
arafu
môr yn lli - fo hei - bio heb un si; Awn o gylch y byd mewn noson o Ha-
Cm Gm Fm B♭7 E♭ E♭7
d . d : d . l, | d : d . l, | s, . s, : d . m | r . d : l, . s, | l, . d : – | – :
amser 1
wai i Fan- da - lê; O'does un-peth fel fy llong fach ar-ian i;—
A♭ E♭ B7 B♭7 E♭ A♭ A♭ E♭
: | : | : | : . s, | d . d : d . r | m . s : – . s | l . l : m . l | s : . s,
3. Os caewch chi eich llygaid Bob nos pan dery saith, Cewch
Cm Gm Fm B♭ B♭7 E♭ Cm B♭

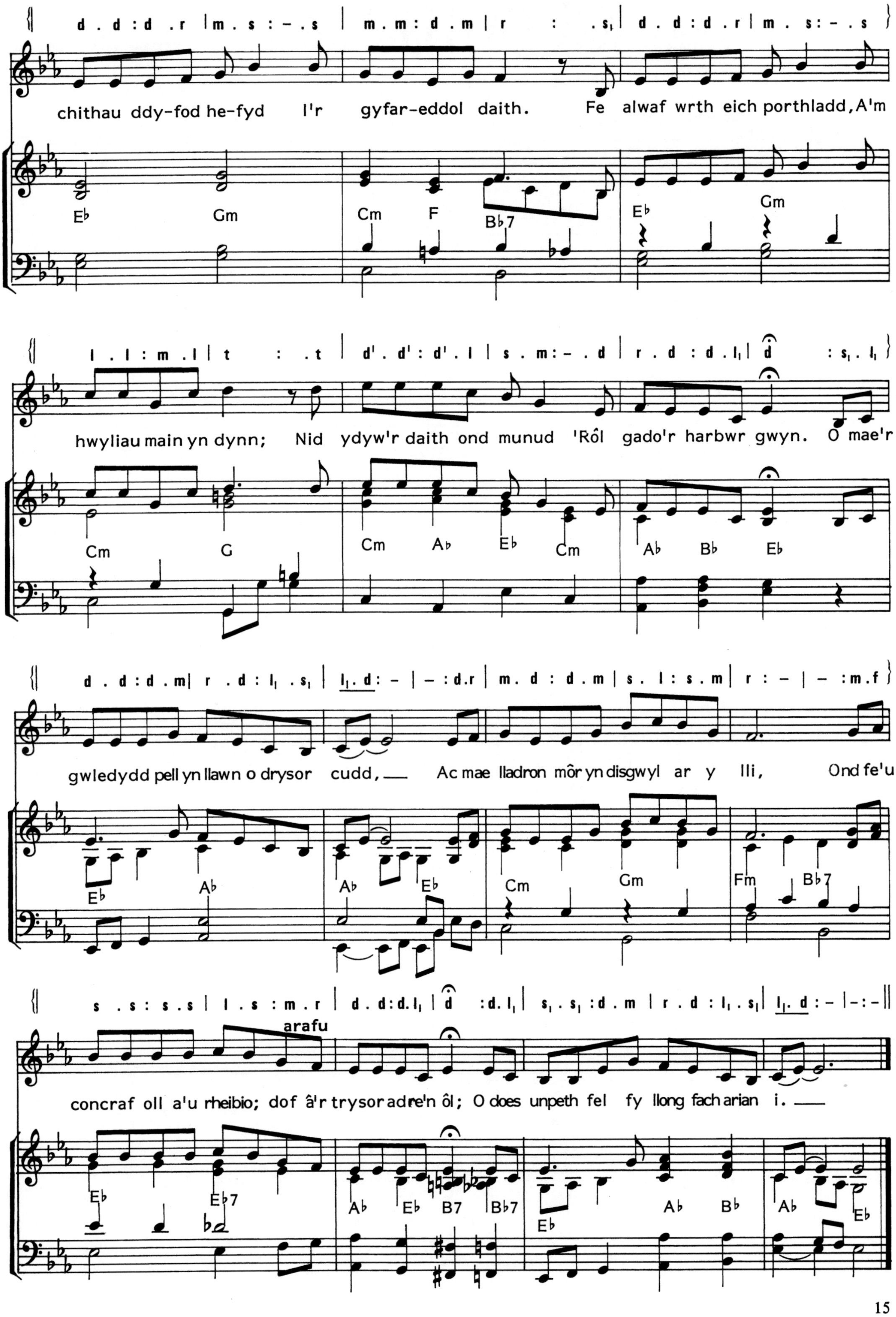
chithau ddy-fod he-fyd I'r gyfar-eddol daith. Fe alwaf wrth eich porthladd, A'm
hwyliau main yn dynn; Nid ydyw'r daith ond munud 'Rôl gado'r harbwr gwyn. O mae'r
gwledydd pell yn llawn o drysor cudd, — Ac mae lladron môr yn disgwyl ar y lli, Ond fe'u
arafu
concraf oll a'u rheibio; dof â'r trysor adre'n ôl; O does unpeth fel fy llong fach arian i. —

HIR YW POB AROS

Doh B♭

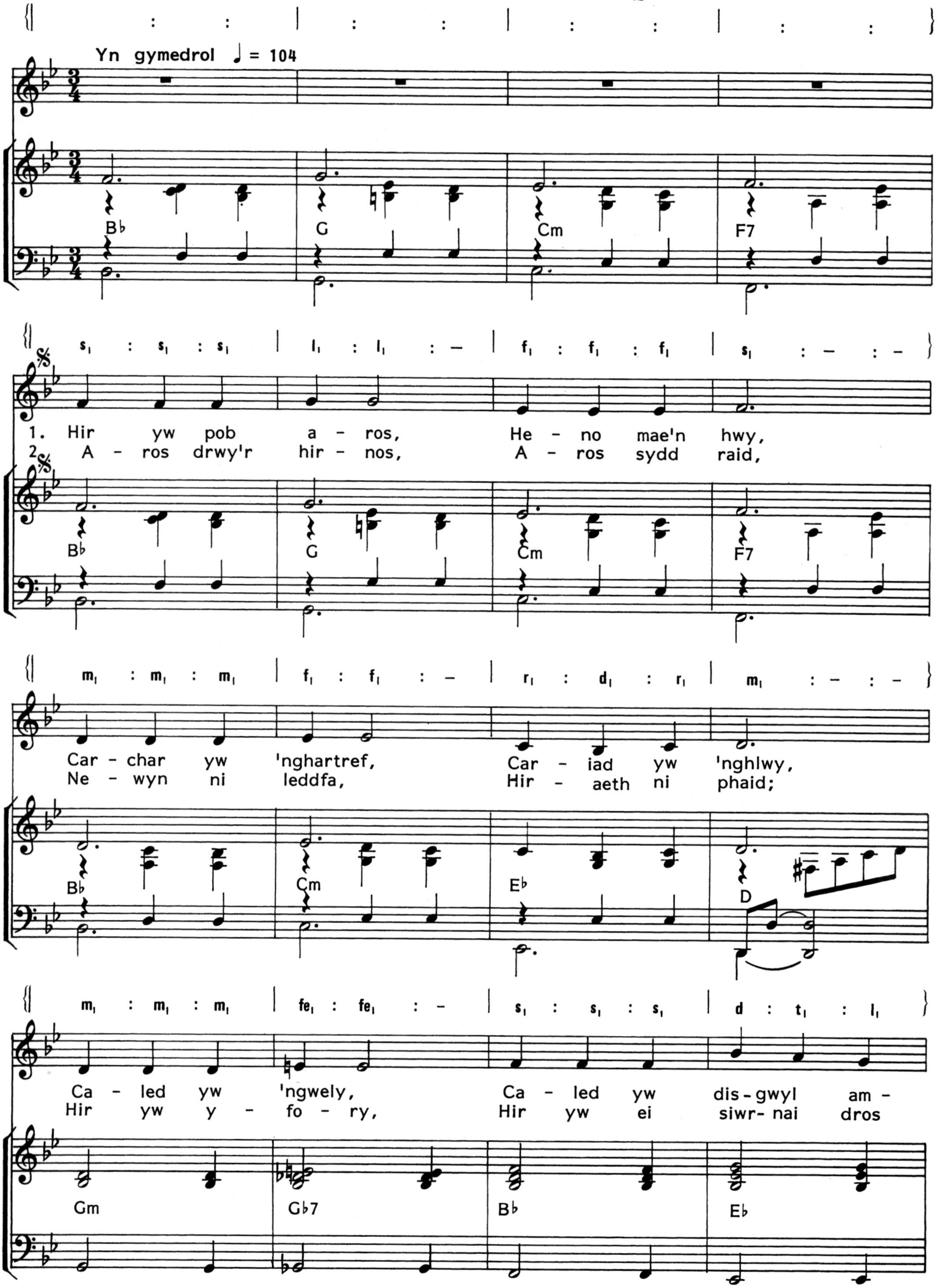

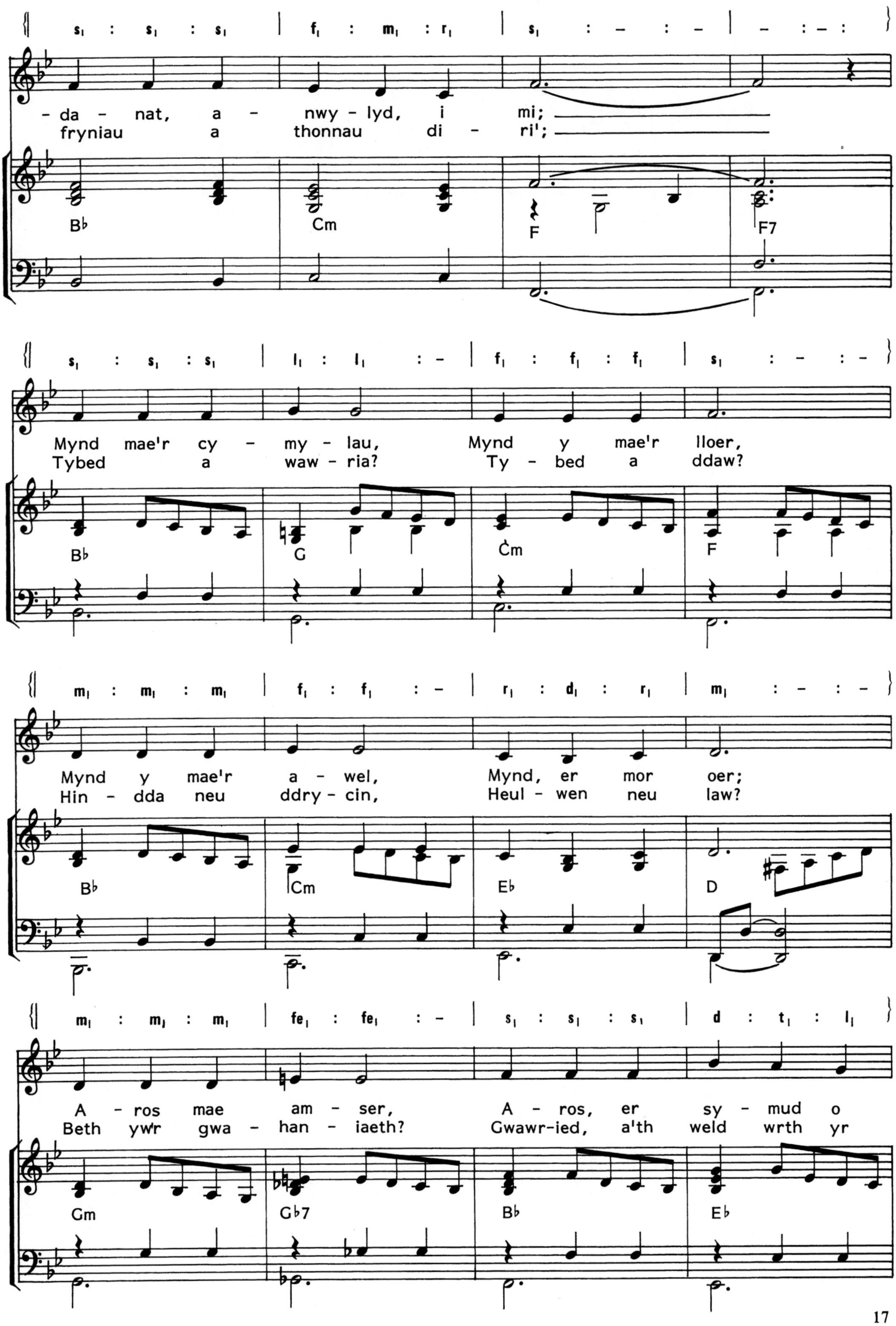

s, : s, : s, | f, : m, : r, | s, : – : – | – : – :
-da - nat, a - nwy - lyd, i mi;
fryniau a thonnau di - ri';
B♭ Cm F F7
s, : s, : s, | l, : l, : – | f, : f, : f, | s, : – : –
Mynd mae'r cy - my - lau, Mynd y mae'r lloer,
Tybed a waw - ria? Ty - bed a ddaw?
B♭ G Cm F
m, : m, : m, | f, : f, : – | r, : d, : r, | m, : – : –
Mynd y mae'r a - wel, Mynd, er mor oer;
Hin - dda neu ddry - cin, Heul - wen neu law?
B♭ Cm E♭ D
m, : m, : m, | fe, : fe, : – | s, : s, : s, | d : t, : l,
A - ros mae am - ser, A - ros, er sy - mud o
Beth ywr gwa - han - iaeth? Gwawr-ied, a'th weld wrth yr
Gm G♭7 B♭ E♭

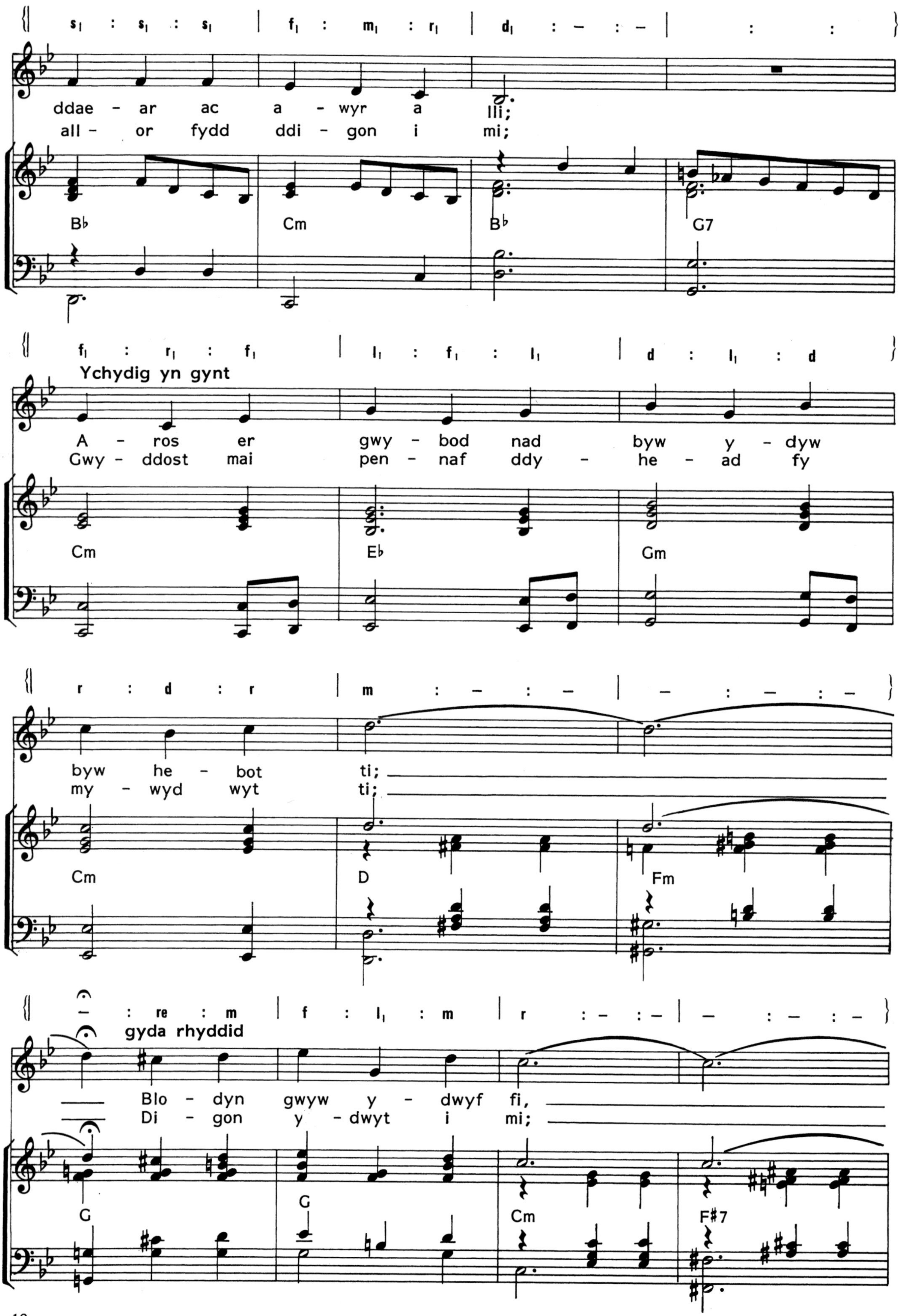
s, : s, : s, | f, : m, : r, | d, : – : – | : :
ddae - ar ac a - wyr a lli;
all - or fydd ddi - gon i mi;
B♭ Cm B♭ G7
f, : r, : f, | l, : f, : l, | d : l, : d
Ychydig yn gynt
A - ros er gwy - bod nad byw y - dyw
Gwy - ddost mai pen - naf ddy - he - ad fy
Cm E♭ Gm
r : d : r | m : – : – | – : – : –
byw he - bot ti;
my - wyd wyt ti;
Cm D Fm
– : re : m | f : l, : m | r : – : – | – : – : –
gyda rhyddid
Blo - dyn gwyw y - dwyf fi,
Di - gon y - dwyt i mi;
G G Cm F♯7

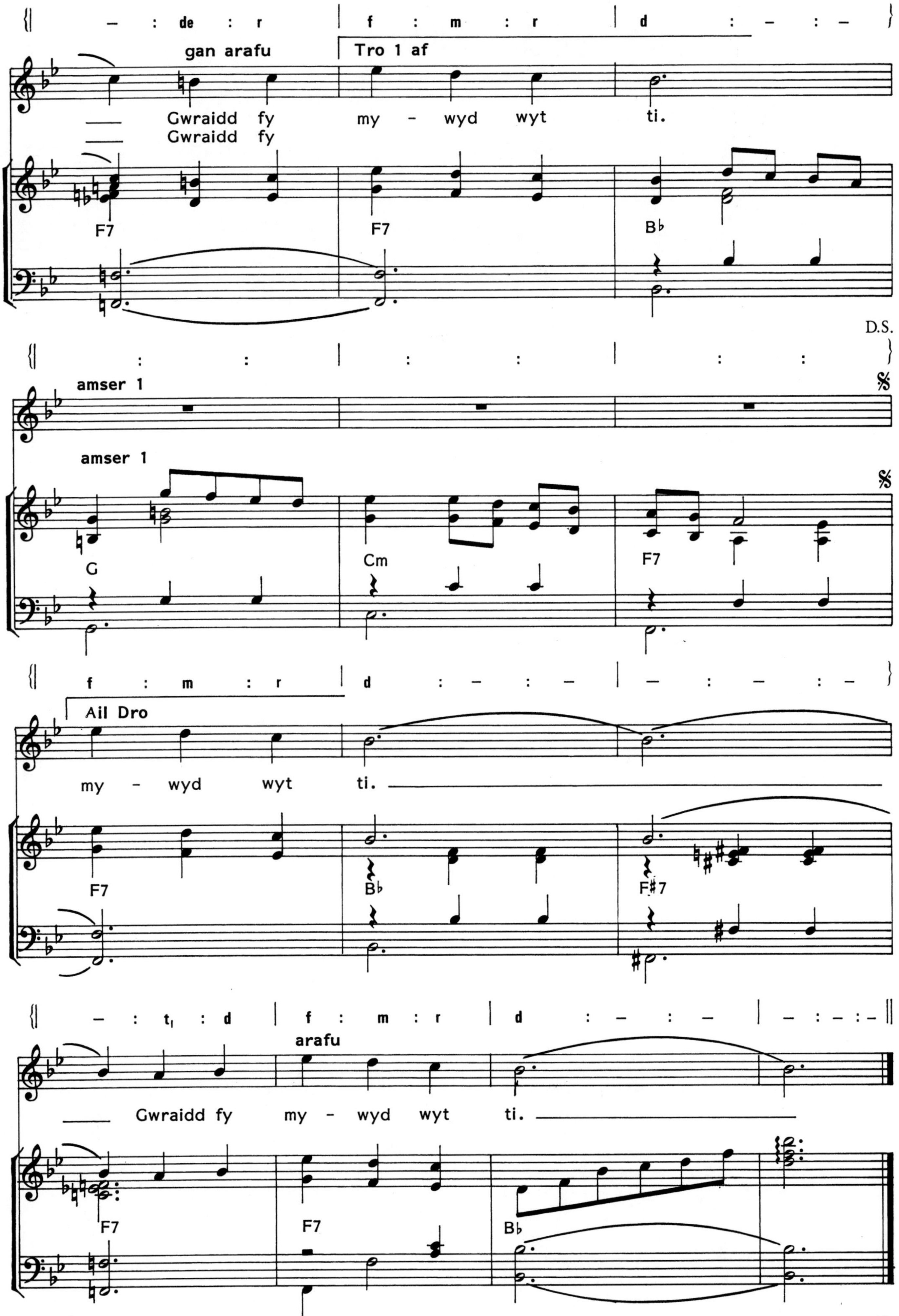
– : de : r | f : m : r | d : – : –
gan arafu
Tro 1 af
Gwraidd fy my - wyd wyt ti.
Gwraidd fy
F7
F7
B♭
D.S.
amser 1
amser 1
G
Cm
F7
f : m : r | d : – : – | – : – : –
Ail Dro
my - wyd wyt ti.
F7
B♭
F♯7
– : t, : d | f : m : r | d : – : – | – : – : –
arafu
Gwraidd fy my - wyd wyt ti.
F7
F7
B♭

L'AMOUR

Doh E♭

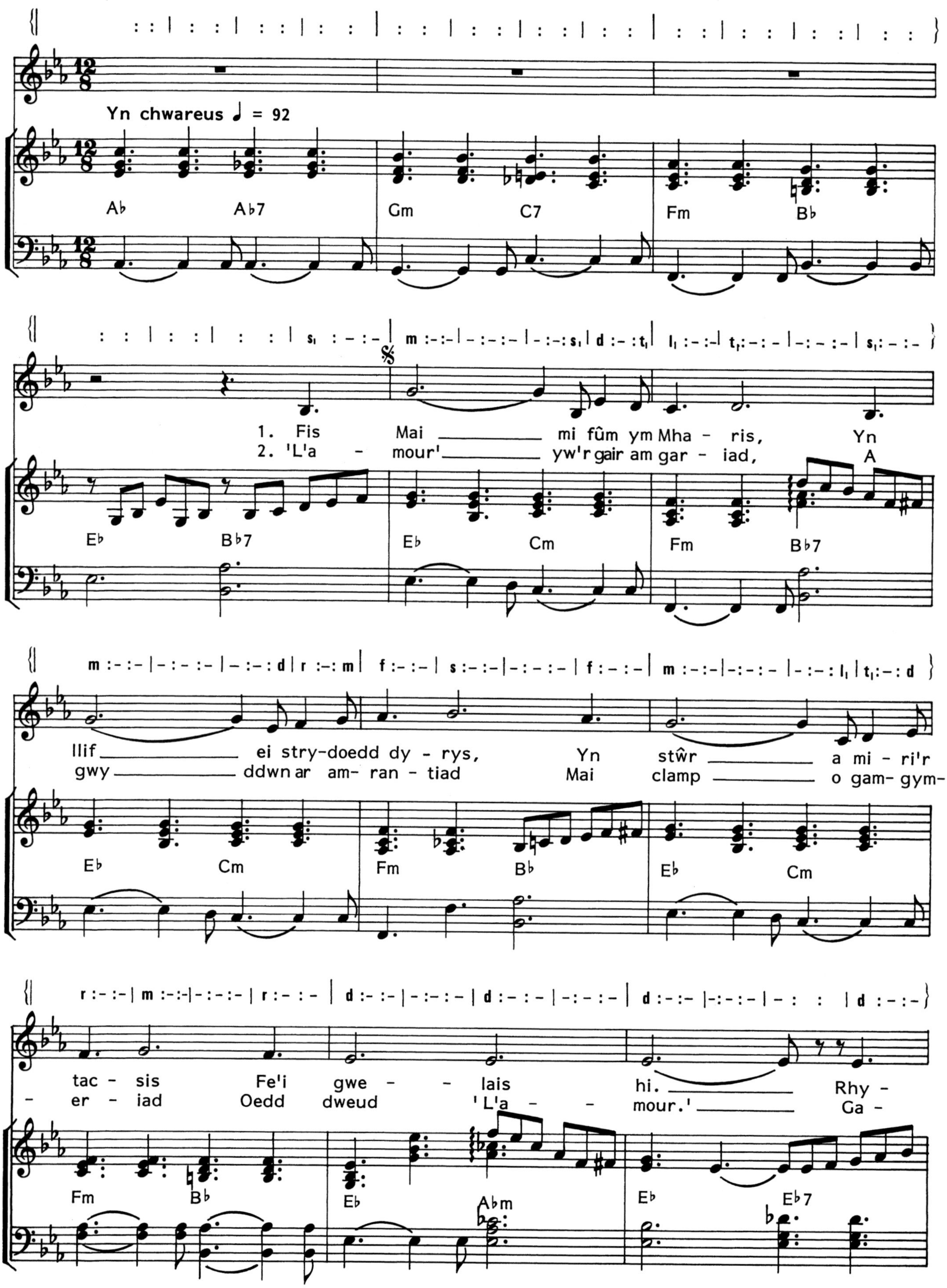
Yn chwareus ♩ = 92
A♭ A♭7 Gm C7 Fm B♭
1. Fis Mai mi fûm ym Mha - ris, Yn
2. 'L'a - mour' yw'r gair am gar - iad, A
E♭ B♭7 E♭ Cm Fm B♭7
llif ei stry-doedd dy - rys, Yn stŵr a mi - ri'r
gwy ddwn ar am- ran - tiad Mai clamp o gam- gym-
E♭ Cm Fm B♭ E♭ Cm
tac - sis Fe'i gwe - lais hi. Rhy -
- er - iad Oedd dweud 'L'a - mour.' Ga -
Fm B♭ E♭ A♭m E♭ E♭7

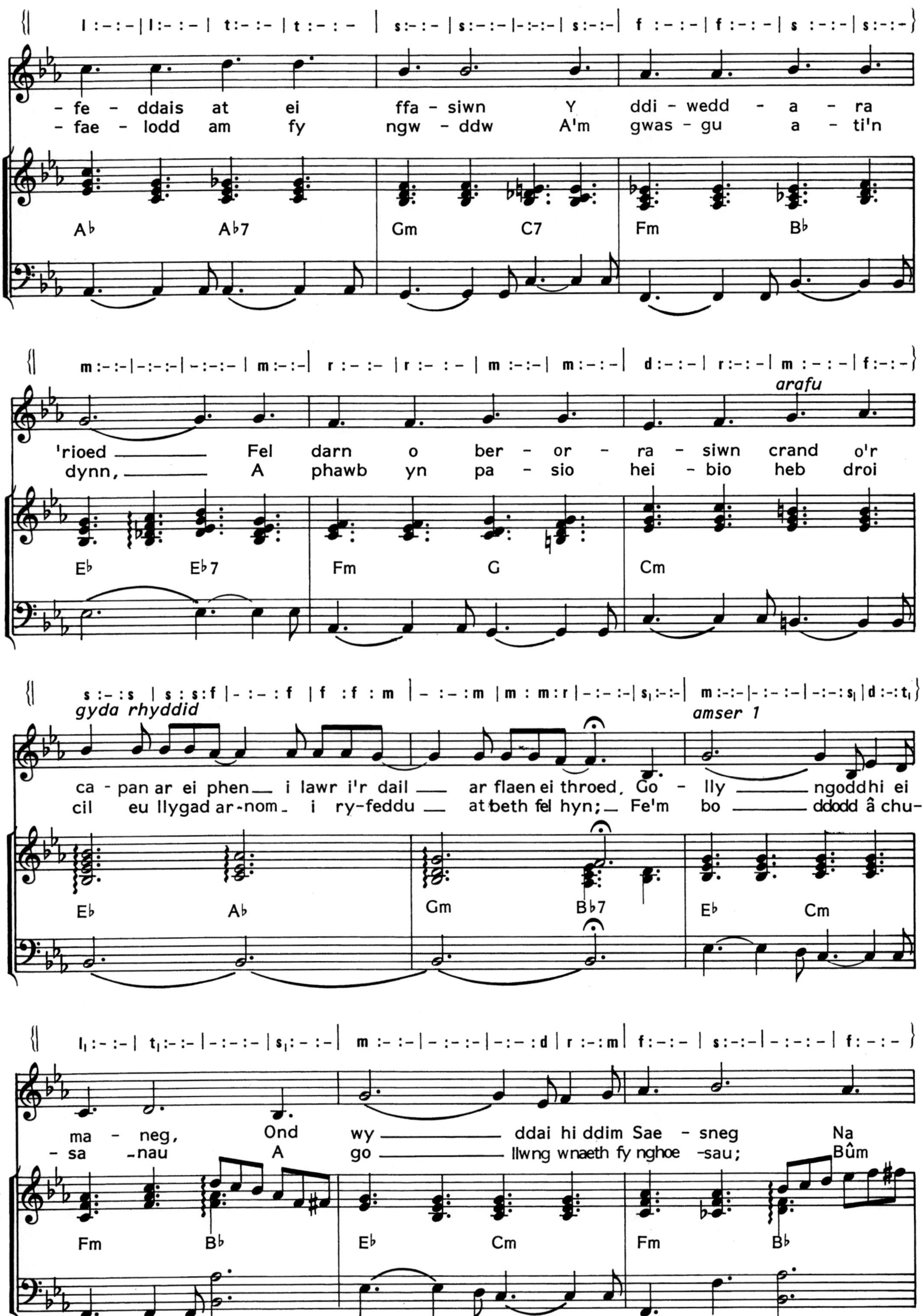
-fe - ddais at ei ffa - siwn Y ddi - wedd - a - ra
-fae - lodd am fy ngw - ddw A'm gwas - gu a - ti'n
A♭ A♭7 Gm C7 Fm B♭
'rioed Fel darn o ber - or - ra - siwn crand o'r
dynn, A phawb yn pa - sio hei - bio heb droi
arafu
E♭ E♭7 Fm G Cm
gyda rhyddid
amser 1
ca - pan ar ei phen i lawr i'r dail ar flaen ei throed, Go - lly ngodd hi ei
cil eu llygad ar - nom i ry - feddu at beth fel hyn; Fe'm bo ddodd â chu-
E♭ A♭ Gm B♭7 E♭ Cm
ma - neg, Ond wy ddai hi ddim Sae - sneg Na
-sa -nau A go llwng wnaeth fy nghoe -sau; Bûm
Fm B♭ E♭ Cm Fm B♭

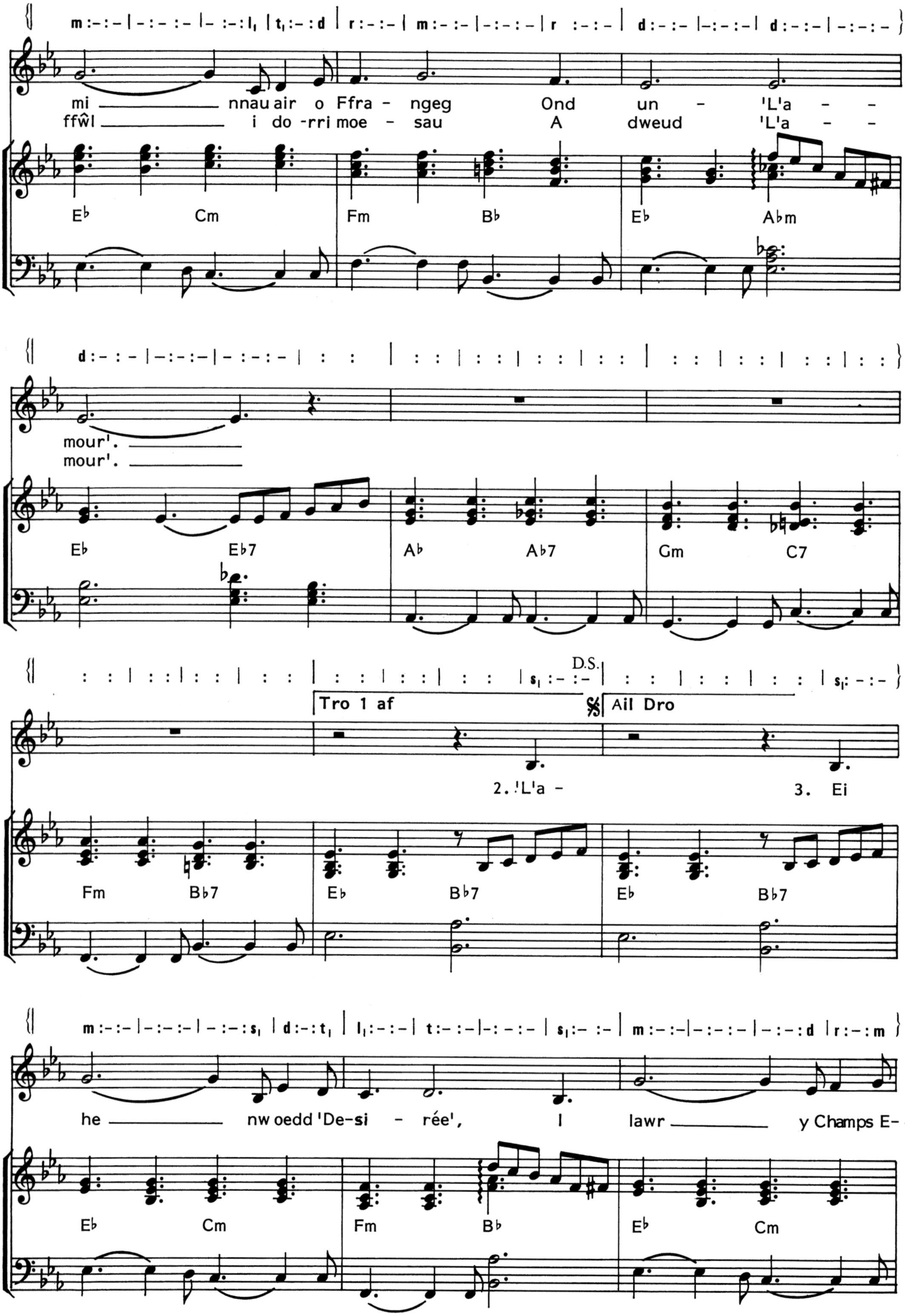
mi nnau air o Ffra - ngeg Ond un - 'L'a - -
ffŵl i do - rri moe - sau A dweud 'L'a - -
E♭ Cm Fm B♭ E♭ A♭m
mour'.
mour'.
E♭ E♭7 A♭ A♭7 Gm C7
D.S.
Tro 1 af
Ail Dro
2. 'L'a -
3. Ei
Fm B♭7 E♭ B♭7 E♭ B♭7
he nwoedd 'De-si - rée', I lawr y Champs E-
E♭ Cm Fm B♭ E♭ Cm

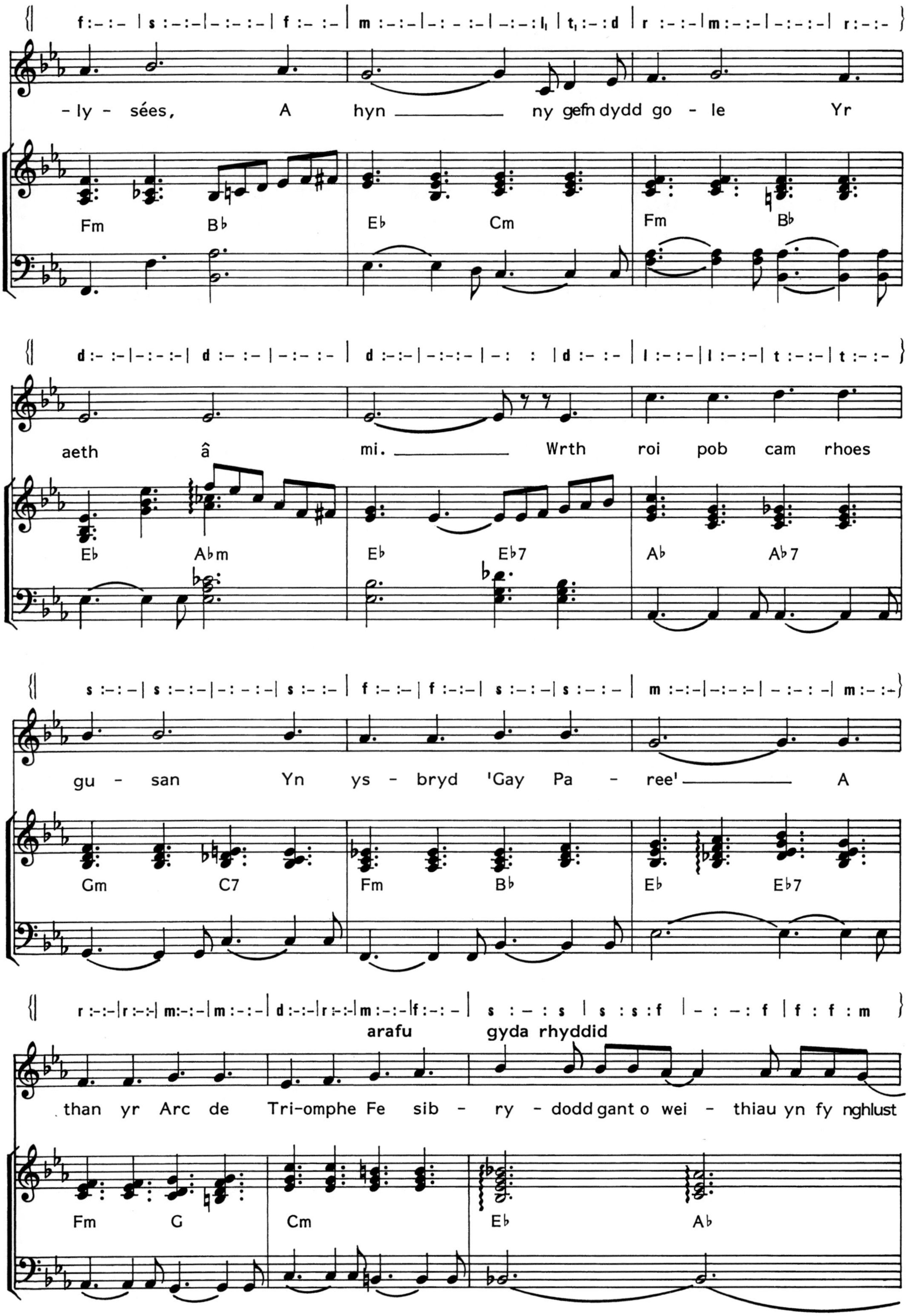
f :– :– | s :– :– | – :– :– | f :– :– | m :– :– | – : – :– | – :– : l, | t, :– : d | r :– :– | m :– :– | – :– :– | r :– :–
-ly - sées, A hyn ny gefn dydd go - le Yr
Fm Bb Eb Cm Fm Bb
d :– :– | – :– :– | d :– :– | – :– :– | d :– :– | – :– :– | – : : | d :– :– | l :– :– | l :– :– | t :– :– | t :– :–
aeth â mi. Wrth roi pob cam rhoes
Eb Abm Eb Eb7 Ab Ab7
s :– :– | s :– :– | – :– :– | s :– :– | f :– :– | f :– :– | s :– :– | s :– :– | m :– :– | – :– :– | – :– :– | m :– :–
gu - san Yn ys - bryd 'Gay Pa - ree' A
Gm C7 Fm Bb Eb Eb7
r :– :– | r :– :– | m :– :– | m :– :– | d :– :– | r :– :– | m :– :– | f :– :– | s : – : s | s : s : f | – : – : f | f : f : m
arafu gyda rhyddid
than yr Arc de Tri-omphe Fe sib - ry - dodd gant o wei - thiau yn fy nghlust
Fm G Cm Eb Ab

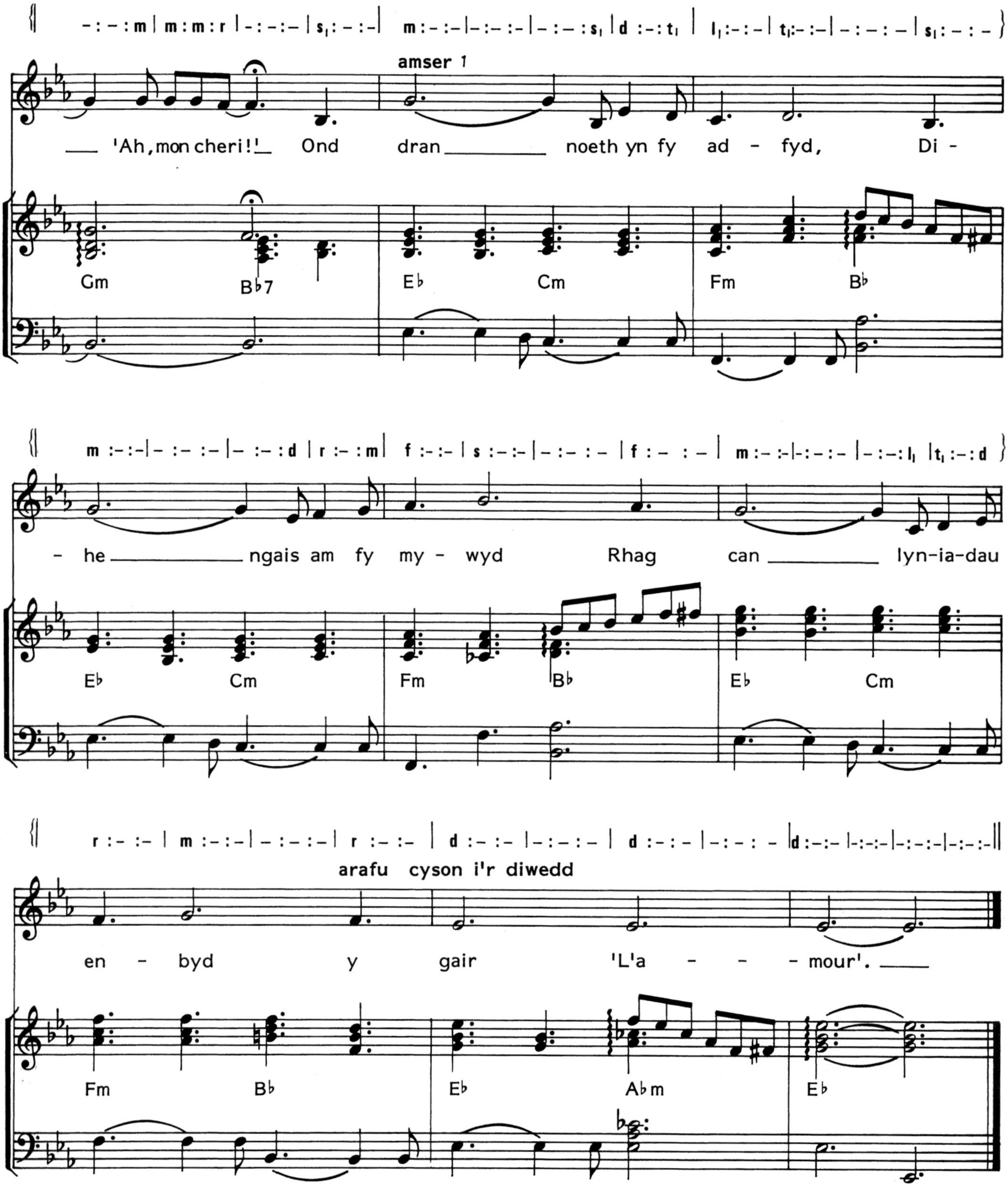

-:-:m | m:m:r | -:-:- | s₁:-:- | m:-:- | -:-:- | -:-:s₁ | d:-:t₁ | l₁:-:- | t₁:-:- | -:-:- | s₁:-:-
amser 1
'Ah, mon cheri!' Ond dran noeth yn fy ad - fyd, Di -
Gm
B♭7
E♭
Cm
Fm
B♭
m:-:- | -:-:- | -:-:d | r:-:m | f:-:- | s:-:- | -:-:- | f:-:- | m:-:- | -:-:- | -:-:l₁ | t₁:-:d
- he ngais am fy my - wyd Rhag can lyn-ia-dau
E♭
Cm
Fm
B♭
E♭
Cm
r:-:- | m:-:- | -:-:- | r:-:- | d:-:- | -:-:- | d:-:- | -:-:- | d:-:- | -:-:- | -:-:- | -:-:-
arafu cyson i'r diwedd
en - byd y gair 'L'a - - - mour'.
Fm
B♭
E♭
A♭m
E♭

LLAIS A GWÊN

Doh D

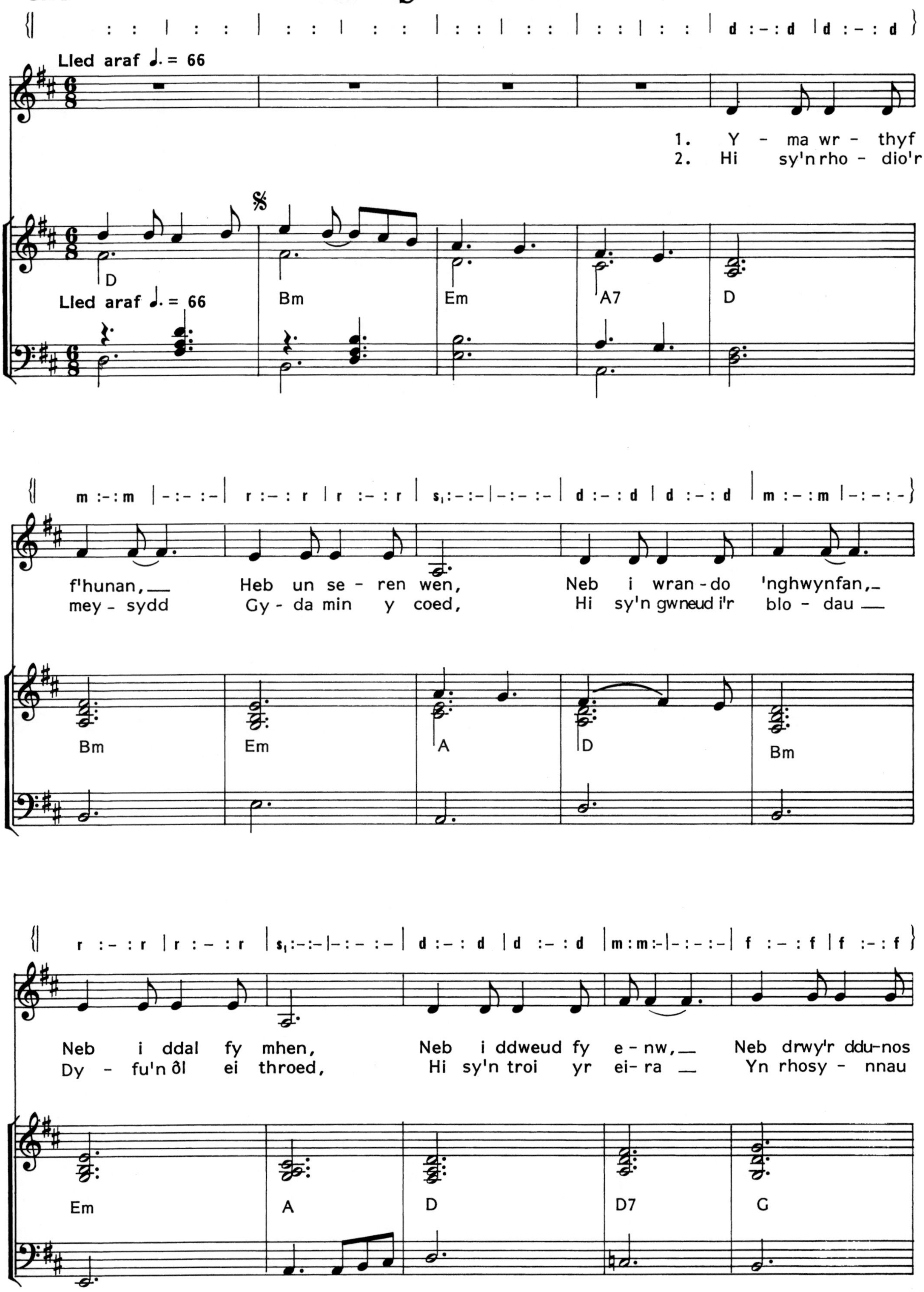

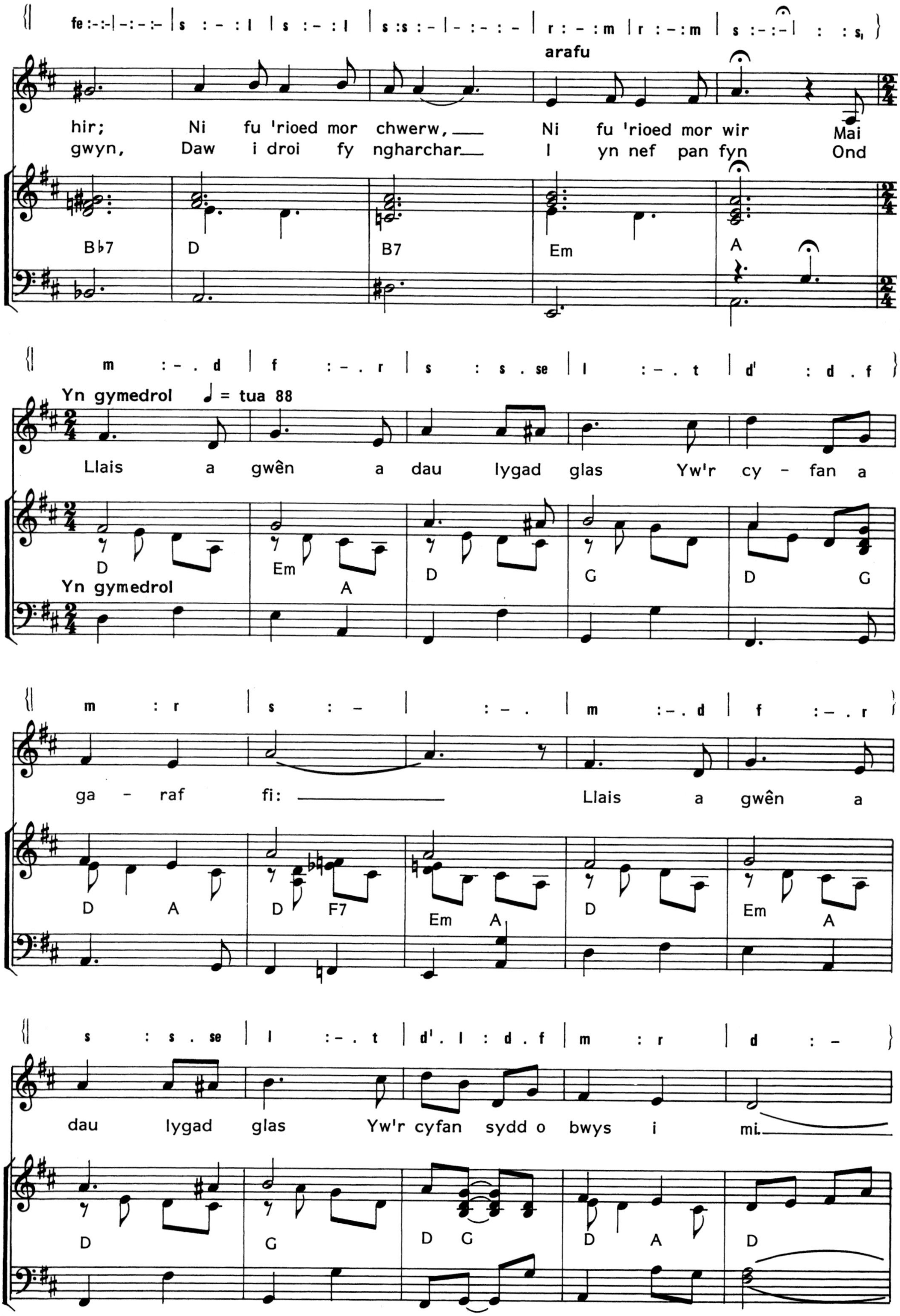
fe :-:-| -:-:- | s : - : l | s : - : l | s :s : - | - : - : - | r : - : m | r : - : m | s :-:- | : : s,
arafu
hir; Ni fu 'rioed mor chwerw, Ni fu 'rioed mor wir Mai
gwyn, Daw i droi fy ngharchar I yn nef pan fyn Ond
B♭7 D B7 Em A
m : - . d | f : - . r | s : s . se | l : - . t | d' : d . f
Yn gymedrol ♩ = tua 88
Llais a gwên a dau lygad glas Yw'r cy - fan a
D Em D G D G
Yn gymedrol A
m : r | s : - | : - . | m : - . d | f : - . r
ga - raf fi: Llais a gwên a
D A D F7 Em A D Em A
s : s . se | l : - . t | d' . l : d . f | m : r | d : -
dau lygad glas Yw'r cyfan sydd o bwys i mi.
D G D G D A D

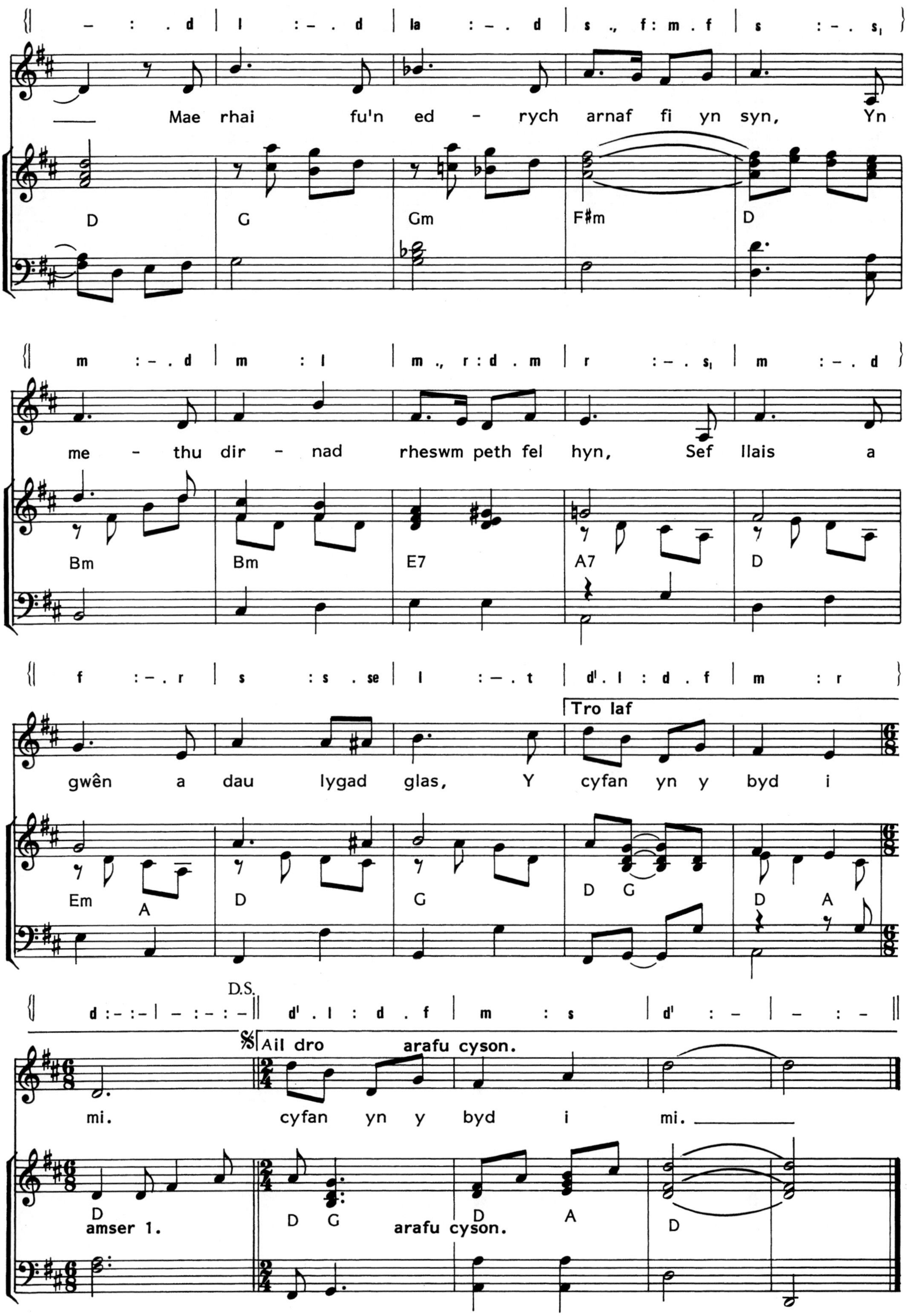
Mae rhai fu'n ed - rych arnaf fi yn syn, Yn
me - thu dir - nad rheswm peth fel hyn, Sef llais a
gwên a dau lygad glas, Y cyfan yn y byd i
mi.
cyfan yn y byd i mi.
Tro laf
D.S.
Ail dro arafu cyson.
amser 1.
arafu cyson.
D G Gm F#m D
Bm Bm E7 A7 D
Em A D G D G D A
D D G D A D

PAN DDOF I O'M CRWYDRO ADREF

Doh D

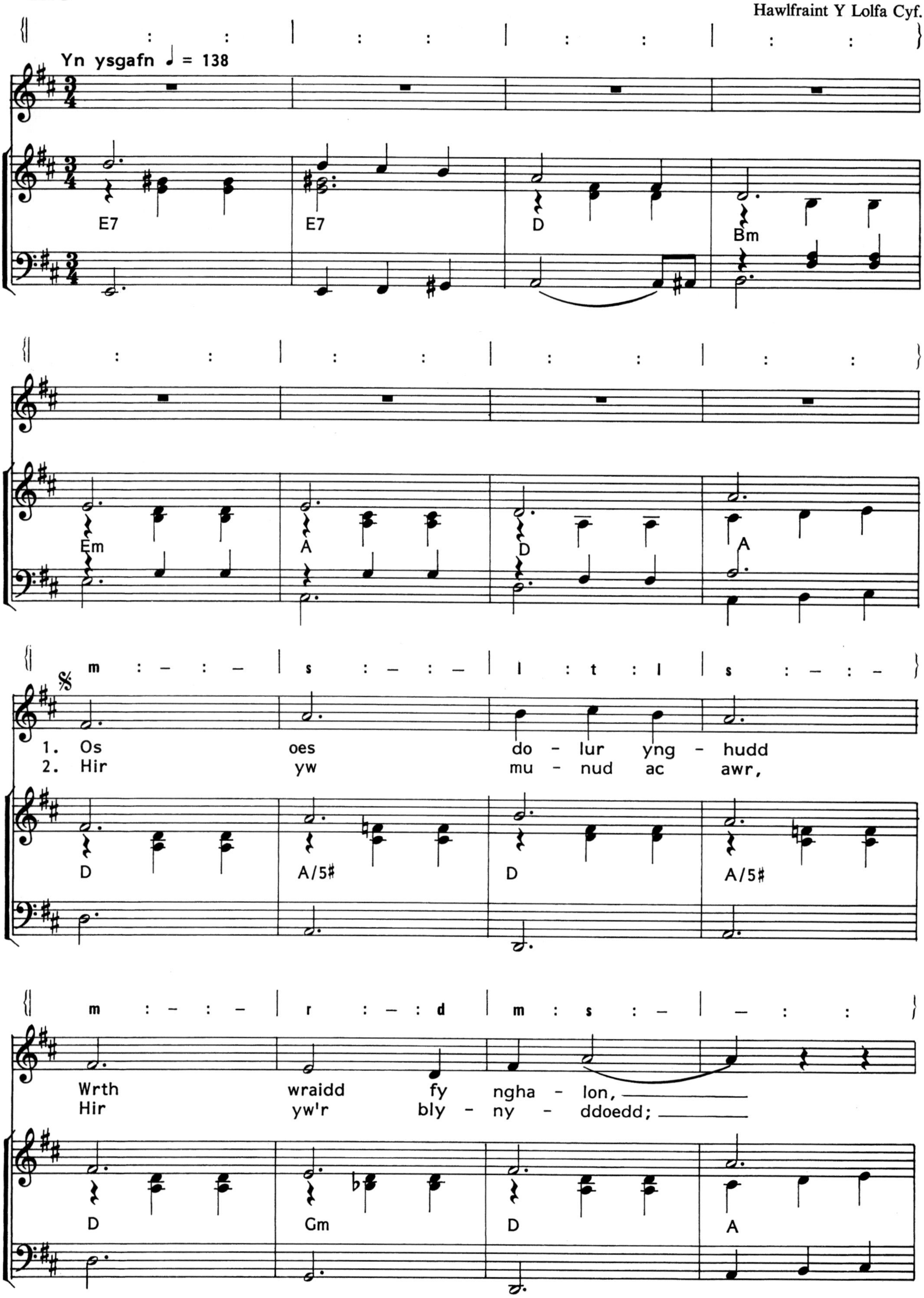

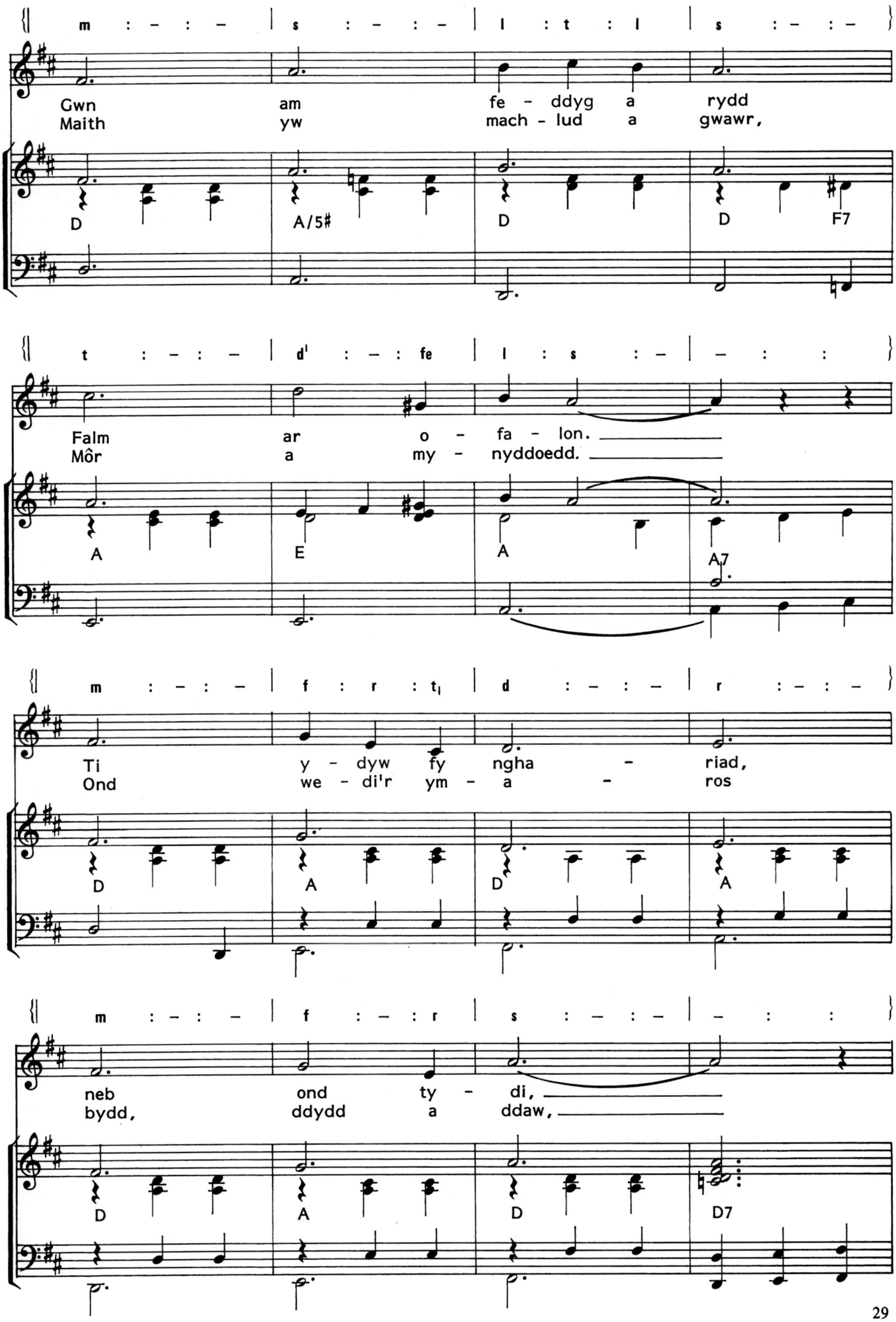
m : – : – | s : – : – | l : t : l | s : – : –
Gwn am fe - ddyg a rydd
Maith yw mach - lud a gwawr,
D A/5# D D F7
t : – : – | d' : – : fe | l : s : – | – : :
Falm ar o - fa - lon.
Môr a my - nyddoedd.
A E A A7
m : – : – | f : r : t, | d : – : – | r : – : –
Ti y - dyw fy ngha - riad,
Ond we - di'r ym - a - ros
D A D A
m : – : – | f : – : r | s : – : – | – : :
neb ond ty - di,
bydd, ddydd a ddaw,
D A D D7

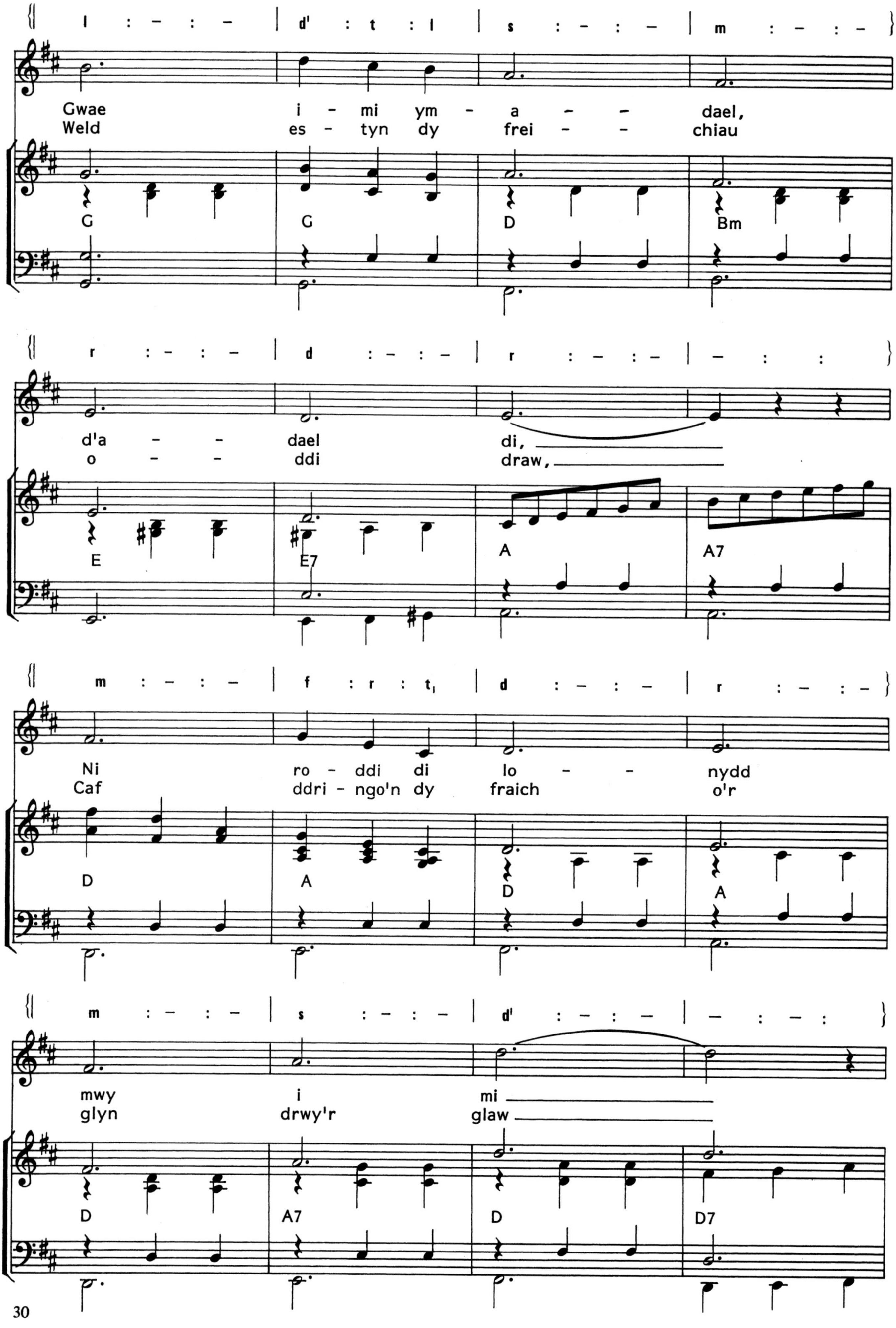
l : – : – | d' : t : l | s : – : – | m : – : –
Gwae i – mi ym – a – – dael,
Weld es – tyn dy frei – – chiau
G G D Bm
r : – : – | d : – : – | r : – : – | – : :
d'a – – dael di,
o – – ddi draw,
E E7 A A7
m : – : – | f : r : t, | d : – : – | r : – : –
Ni ro – ddi di lo – – nydd
Caf ddri – ngo'n dy fraich o'r
D A D A
m : – : – | s : – : – | d' : – : – | – : – :
mwy i mi
glyn drwy'r glaw
D A7 D D7

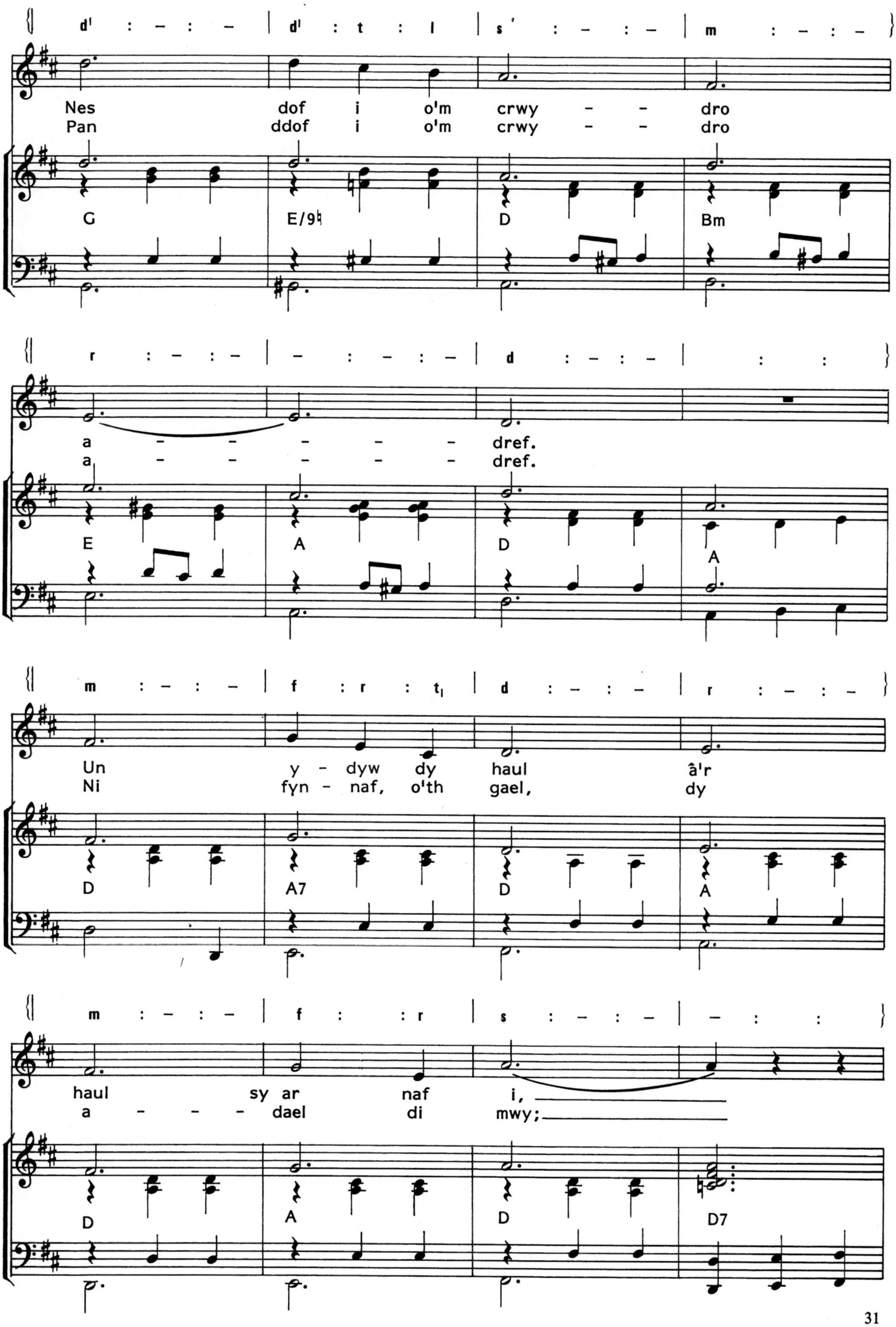
d' : – : – | d' : t : l | s : – : – | m : – : –
Nes dof i o'm crwy – – dro
Pan ddof i o'm crwy – – dro
G E/9♮ D Bm
r : – : – | – : – : – | d : – : – | : :
a – – – – – dref.
a – – – – – dref.
E A D A
m : – : – | f : r : t, | d : – : – | r : – : –
Un y – dyw dy haul â'r
Ni fyn – naf, o'th gael, dy
D A7 D A
m : – : – | f : : r | s : – : – | – : :
haul sy ar naf i,
a – – – dael di mwy;
D A D D7

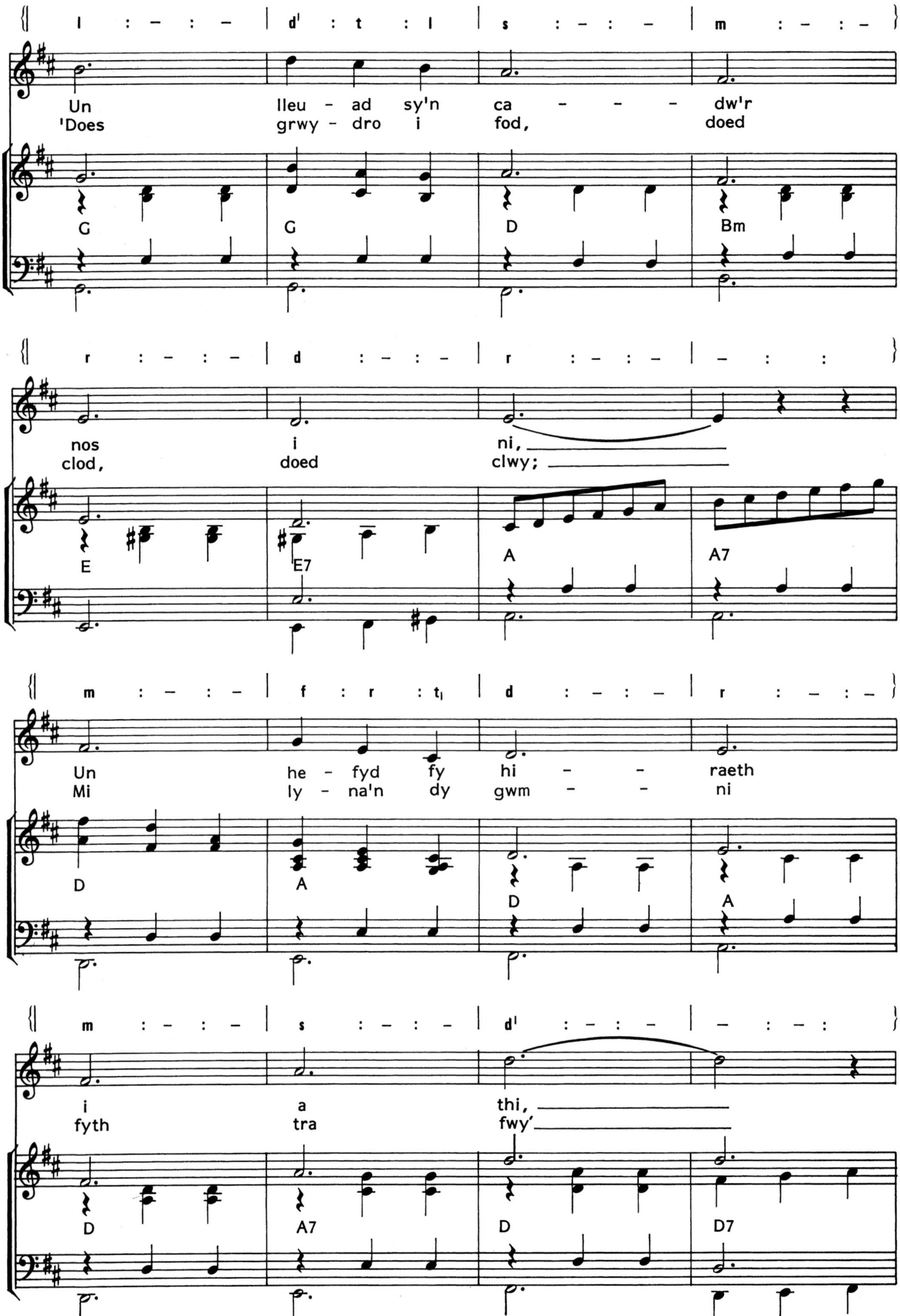
l : – : – | d' : t : l | s : – : – | m : – : –
Un lleu - ad sy'n ca - - - dw'r
'Does grwy - dro i fod, doed
G G D Bm
r : – : – | d : – : – | r : – : – | – : :
nos i ni,
clod, doed clwy;
E E7 A A7
m : – : – | f : r : t, | d : – : – | r : – : –
Un he - fyd fy hi - - raeth
Mi ly - na'n dy gwm - - ni
D A D A
m : – : – | s : – : – | d' : – : – | – : – :
i a thi,
fyth tra fwy'
D A7 D D7

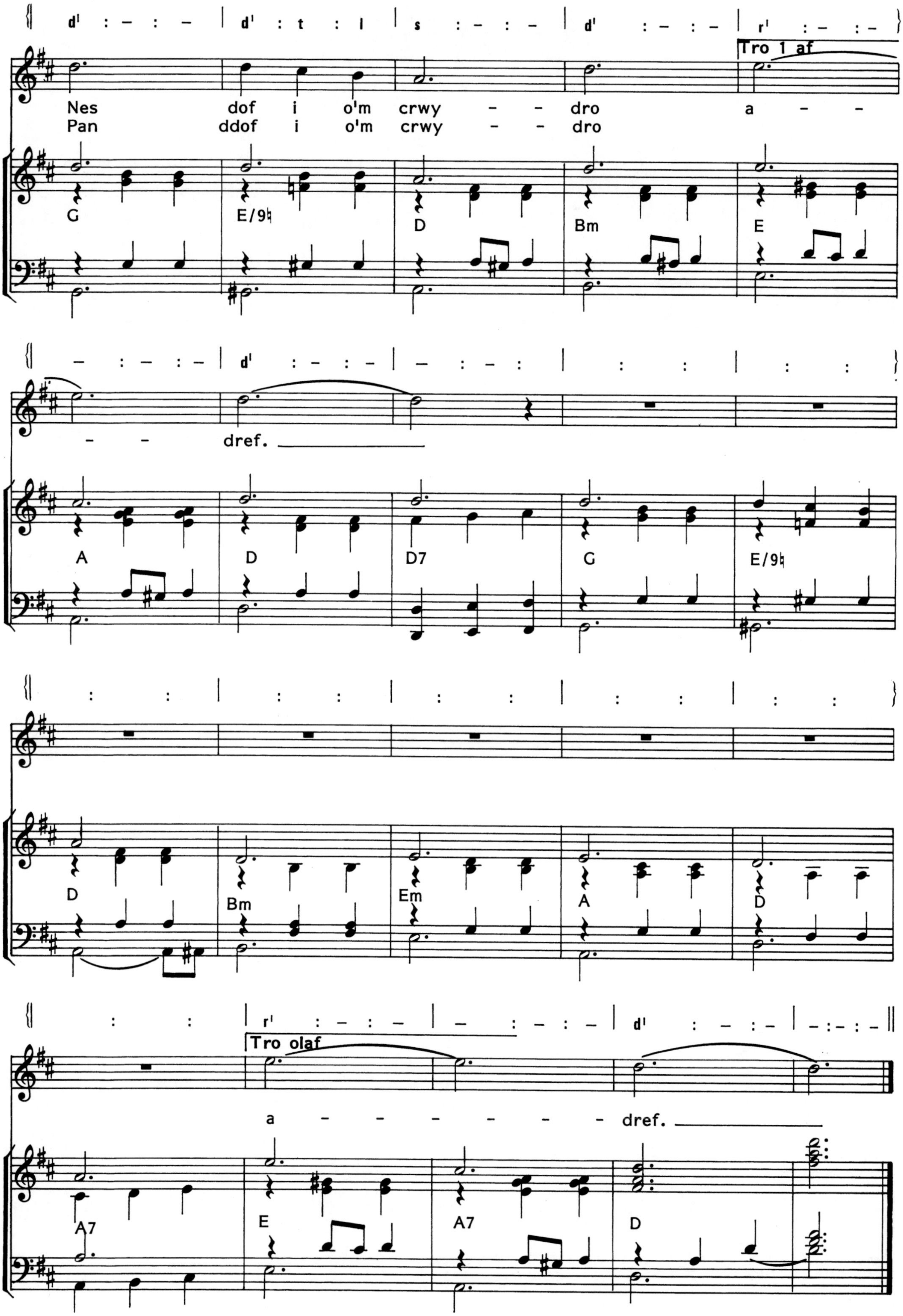
Tro 1 af
Nes dof i o'm crwy - - dro a - - - - dref.
Pan ddof i o'm crwy - - dro
G E/9♮ D Bm E
A D D7 G E/9♮
D Bm Em A D
Tro olaf
a - - - - - - dref.
A7 E A7 D

SANTA CLOS

Doh F

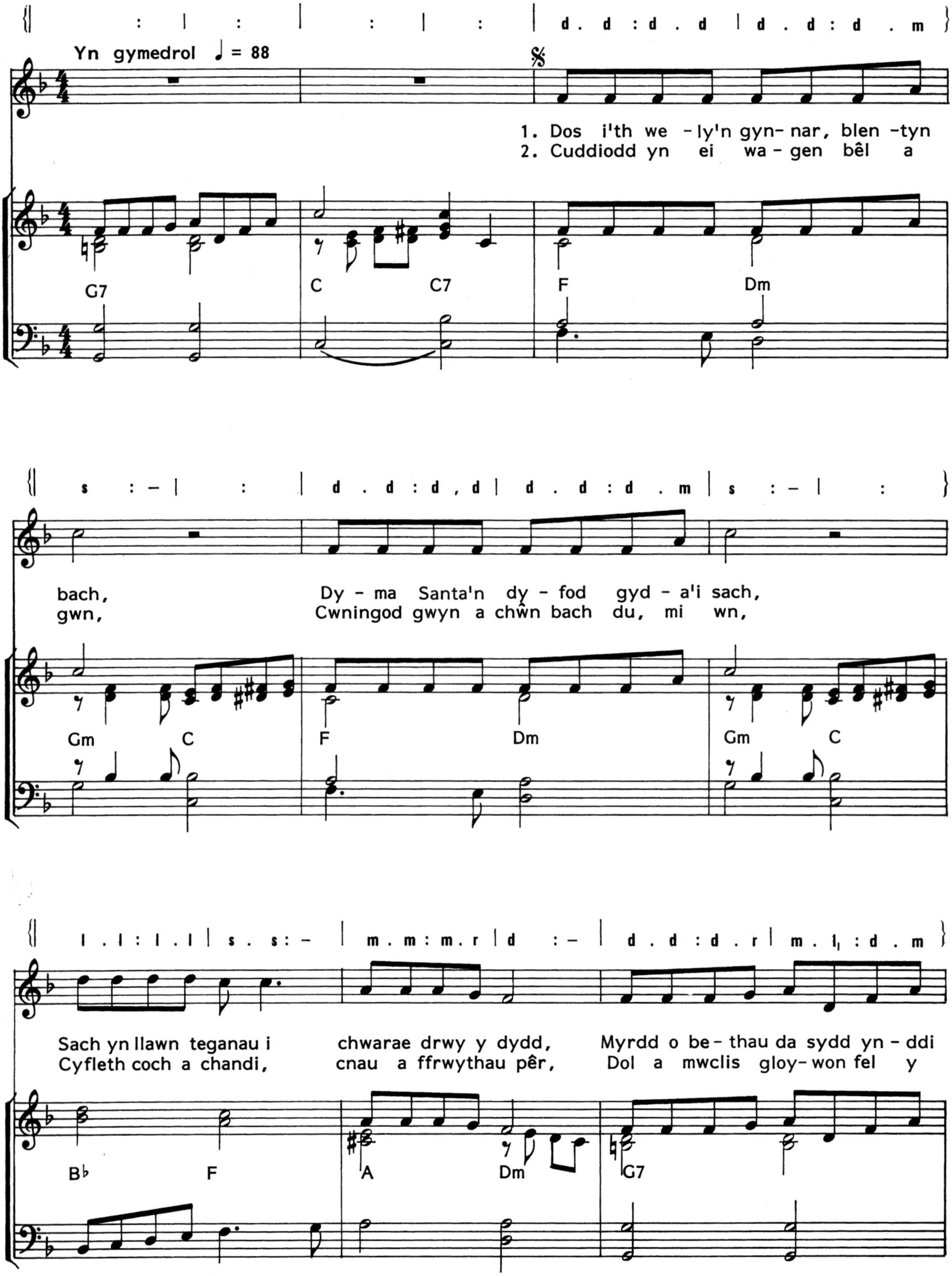

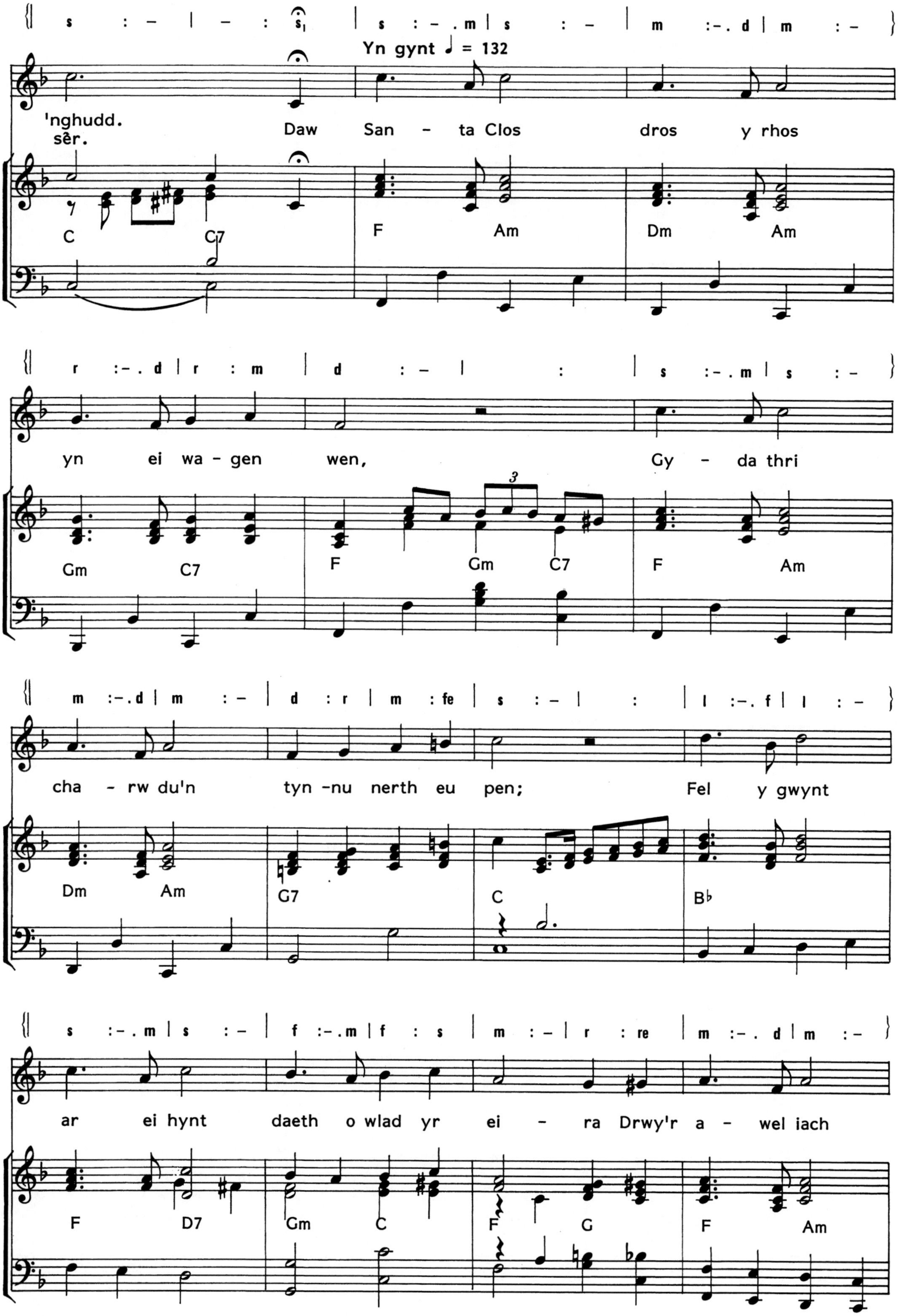
Yn gynt ♩ = 132
'nghudd. sêr. Daw San - ta Clos dros y rhos
C C7 F Am Dm Am
yn ei wa - gen wen, Gy - da thri
Gm C7 F Gm C7 F Am
cha - rw du'n tyn - nu nerth eu pen; Fel y gwynt
Dm Am G7 C B♭
ar ei hynt daeth o wlad yr ei - ra Drwy'r a - wel iach
F D7 Gm C F G F Am

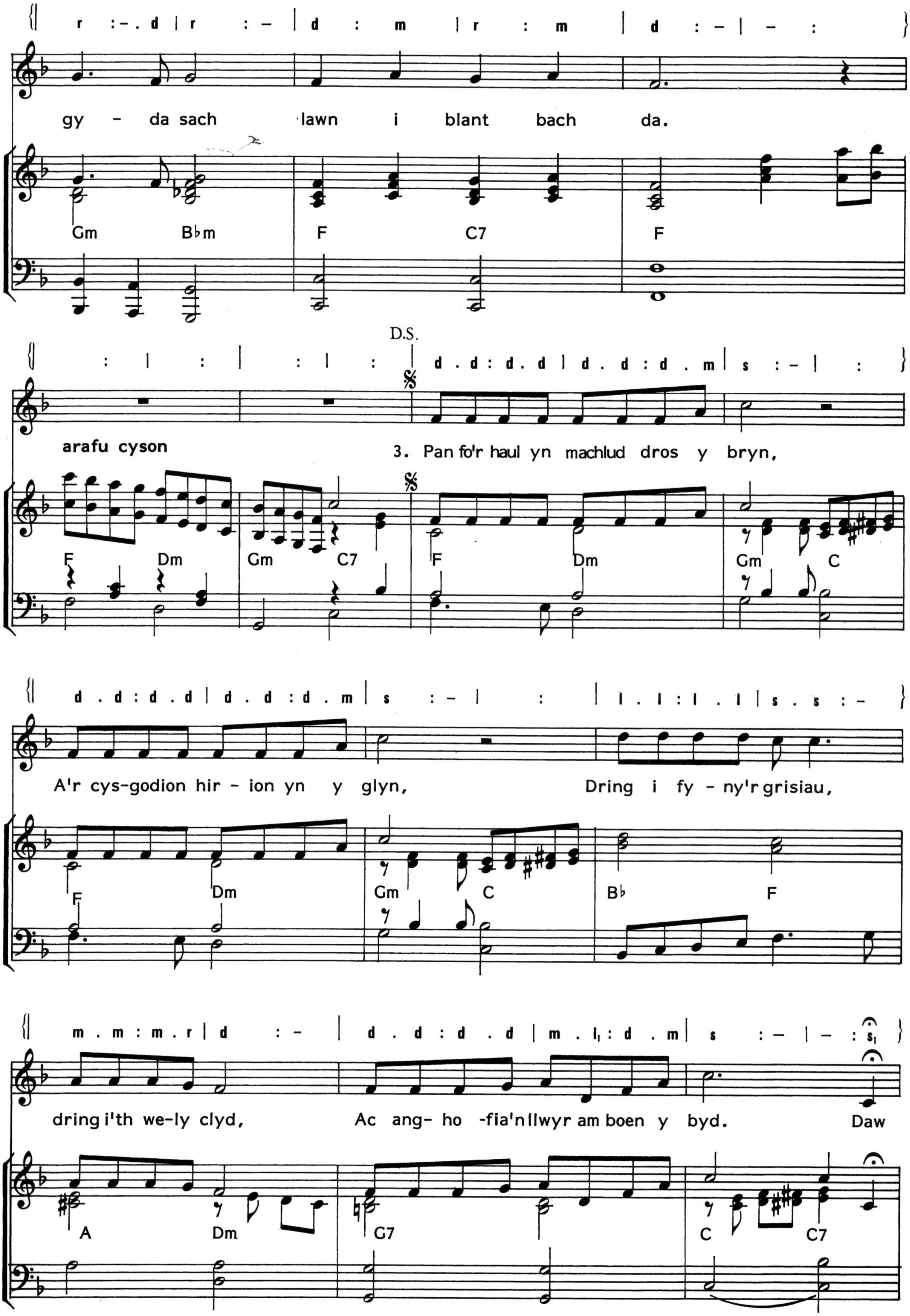
r :-.d | r :- | d :m | r :m | d :- | - :
gy - da sach lawn i blant bach da.
Gm Bbm F C7 F
D.S.
: | : | : | : | d.d:d.d | d.d:d.m | s :- | :
arafu cyson
3. Pan fo'r haul yn machlud dros y bryn,
F Dm Gm C7 F Dm Gm C
d.d:d.d | d.d:d.m | s :- | : | l.l:l.l | s.s:-
A'r cys-godion hir - ion yn y glyn,
Dring i fy - ny'r grisiau,
F Dm Gm C Bb F
m.m:m.r | d :- | d.d:d.d | m.l₁:d.m | s :- | - :s₁
dring i'th we-ly clyd,
Ac ang- ho -fia'n llwyr am boen y byd.
Daw
A Dm G7 C C7

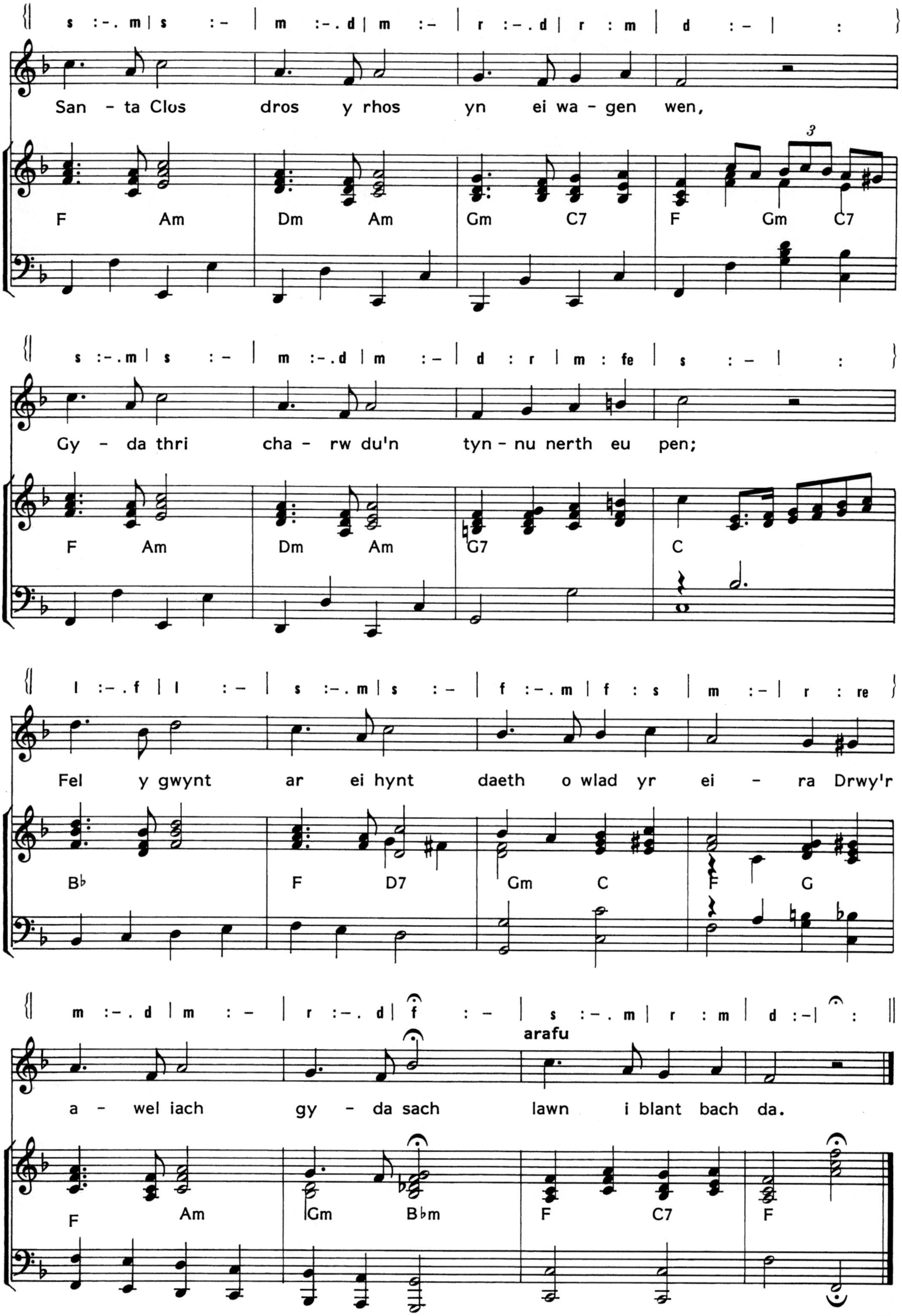
s :–. m | s :– | m :–. d | m :– | r :–. d | r : m | d :– | :
San - ta Clos dros y rhos yn ei wa - gen wen,
F Am Dm Am Gm C7 F Gm C7
s :–. m | s :– | m :–. d | m :– | d : r | m : fe | s :– | :
Gy - da thri cha - rw du'n tyn - nu nerth eu pen;
F Am Dm Am G7 C
l :–. f | l :– | s :–. m | s :– | f :–. m | f : s | m :– | r : re
Fel y gwynt ar ei hynt daeth o wlad yr ei - ra Drwy'r
B♭ F D7 Gm C F G
m :–. d | m :– | r :–. d | f :– | s :–. m | r : m | d :– | :
arafu
a - wel iach gy - da sach lawn i blant bach da.
F Am Gm B♭m F C7 F

TYRD I'R MYNYDD

Doh D

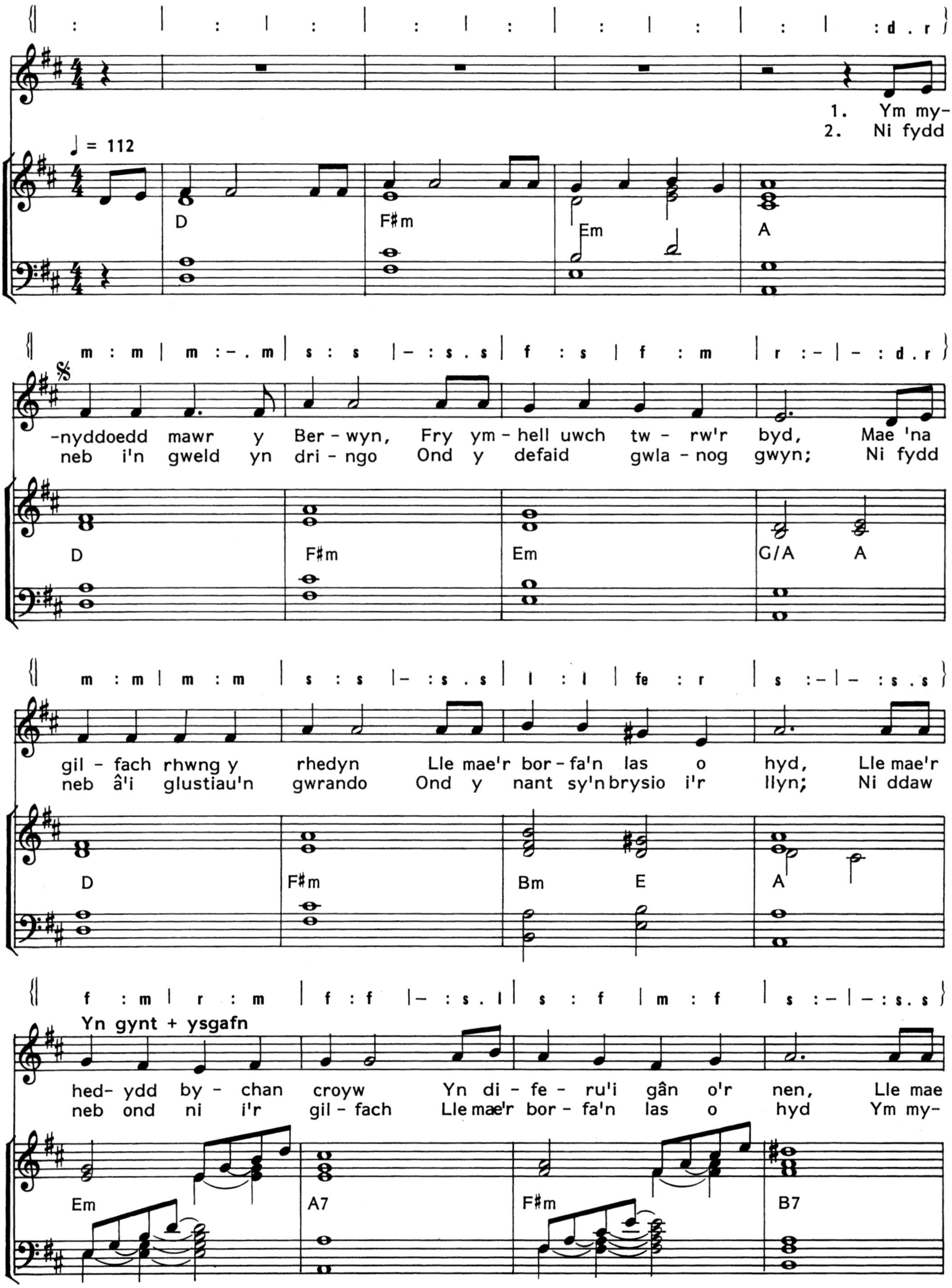

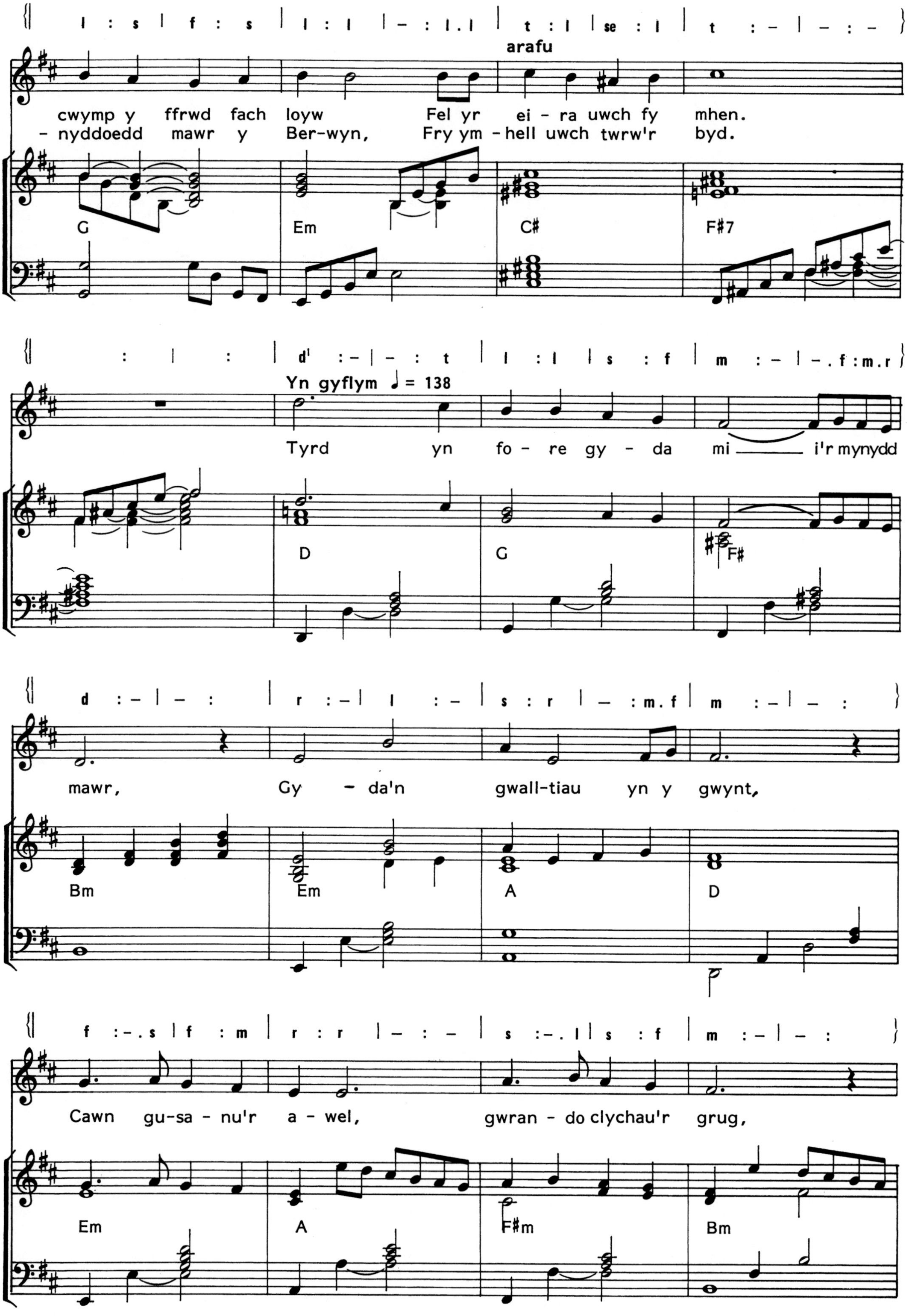
l : s | f : s | l : l | – : l . l | t : l | se : l | t : – | – : –
arafu
cwymp y ffrwd fach loyw Fel yr ei - ra uwch fy mhen.
- nyddoedd mawr y Ber-wyn, Fry ym - hell uwch twrw'r byd.
G Em C# F#7
: | : | d' : – | – : t | l : l | s : f | m : – | – . f : m . r
Yn gyflym ♩ = 138
Tyrd yn fo - re gy - da mi i'r mynydd
D G F#
d : – | – : | r : – | l : – | s : r | – : m . f | m : – | – :
mawr, Gy - da'n gwall-tiau yn y gwynt,
Bm Em A D
f : – . s | f : m | r : r | – : – | s : – . l | s : f | m : – | – :
Cawn gu-sa - nu'r a - wel, gwran - do clychau'r grug,
Em A F#m Bm

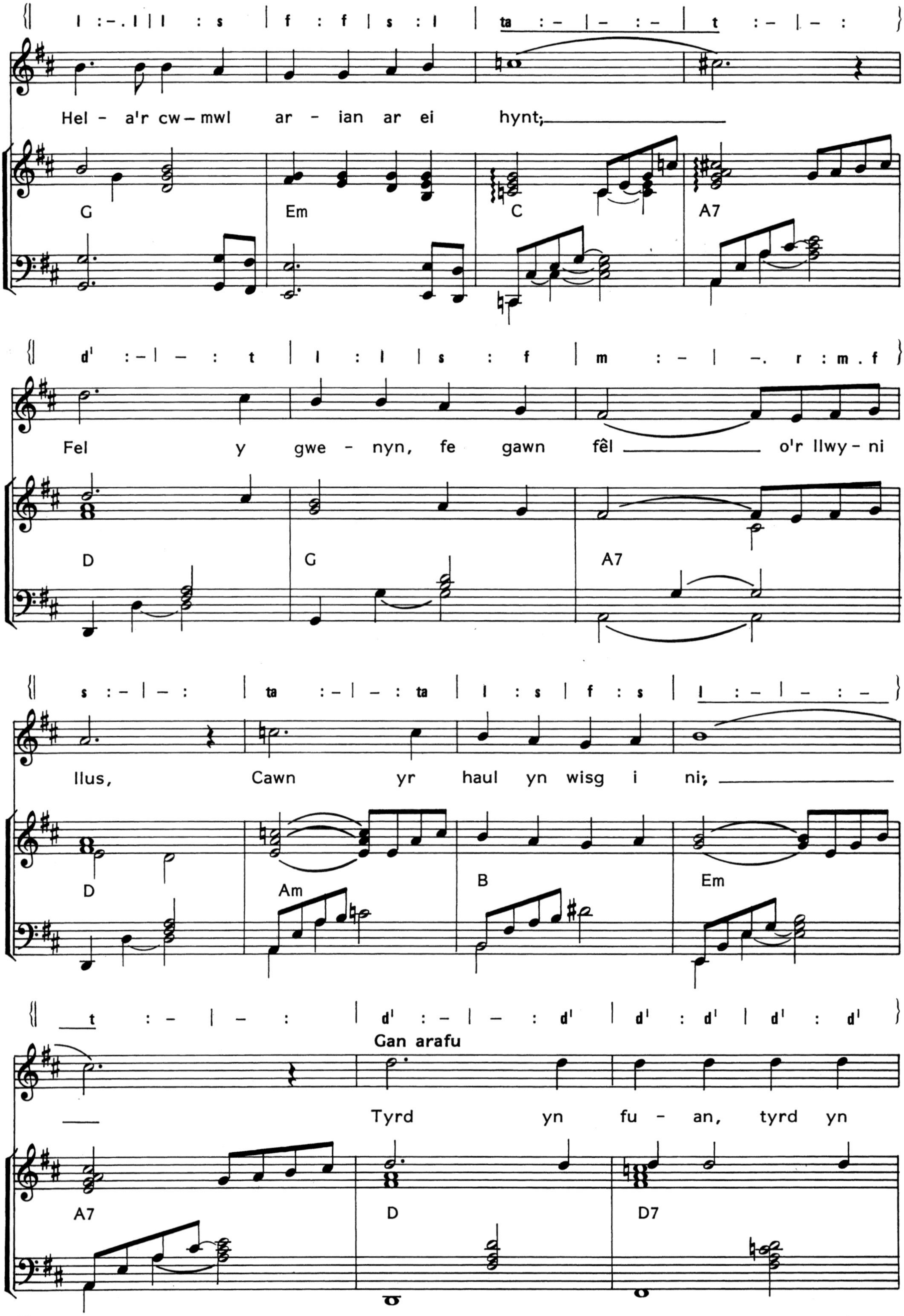
l :–.l | l :s | f :f | s :l | ta :– | – :– | t :– | – :
Hel - a'r cw - mwl ar - ian ar ei hynt;
G Em C A7
d' :– | – :t | l :l | s :f | m :– | –. r :m . f
Fel y gwe - nyn, fe gawn fêl o'r llwy - ni
D G A7
s :– | – : | ta :– | – :ta | l :s | f :s | l :– | – :–
llus, Cawn yr haul yn wisg i ni;
D Am B Em
t :– | – : | d' :– | – :d' | d' :d' | d' :d'
Gan arafu
Tyrd yn fu - an, tyrd yn
A7 D D7

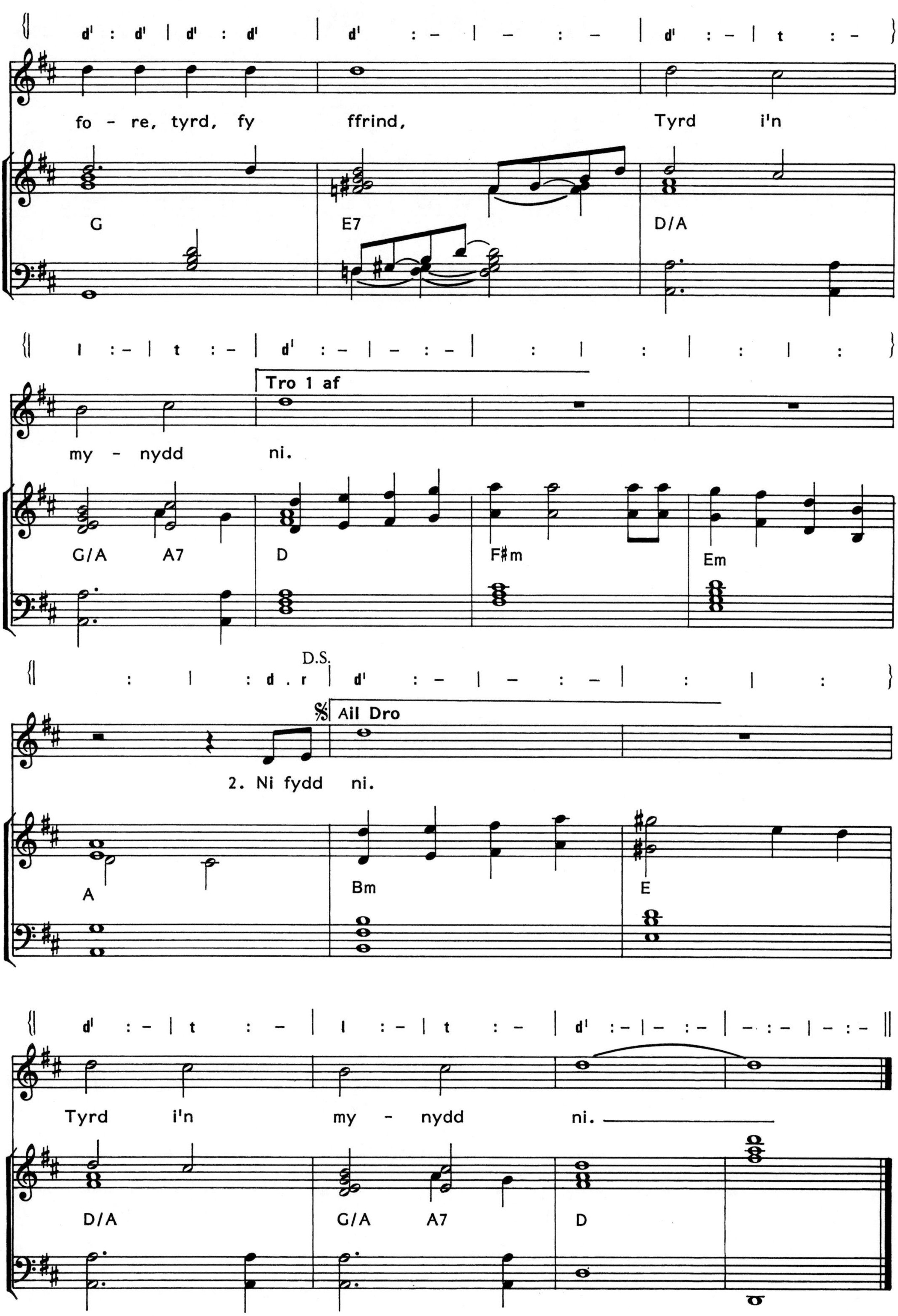
d' : d' | d' : d' | d' : – | – : – | d' : – | t : –
fo - re, tyrd, fy ffrind, Tyrd i'n
G
E7
D/A
l : – | t : – | d' : – | – : – | : | : | : | :
Tro 1 af
my - nydd ni.
G/A A7 D F#m Em
D.S.
: | : d . r | d' : – | – : – | : | :
Ail Dro
2. Ni fydd ni.
A Bm E
d' : – | t : – | l : – | t : – | d' : – | – : – | – : – | – : –
Tyrd i'n my - nydd ni.
D/A G/A A7 D

YR OLWYN FAWR

Doh F

Hawlfraint Y Lolfa Cyf.
Geiriau gan Huw Llewelyn Williams

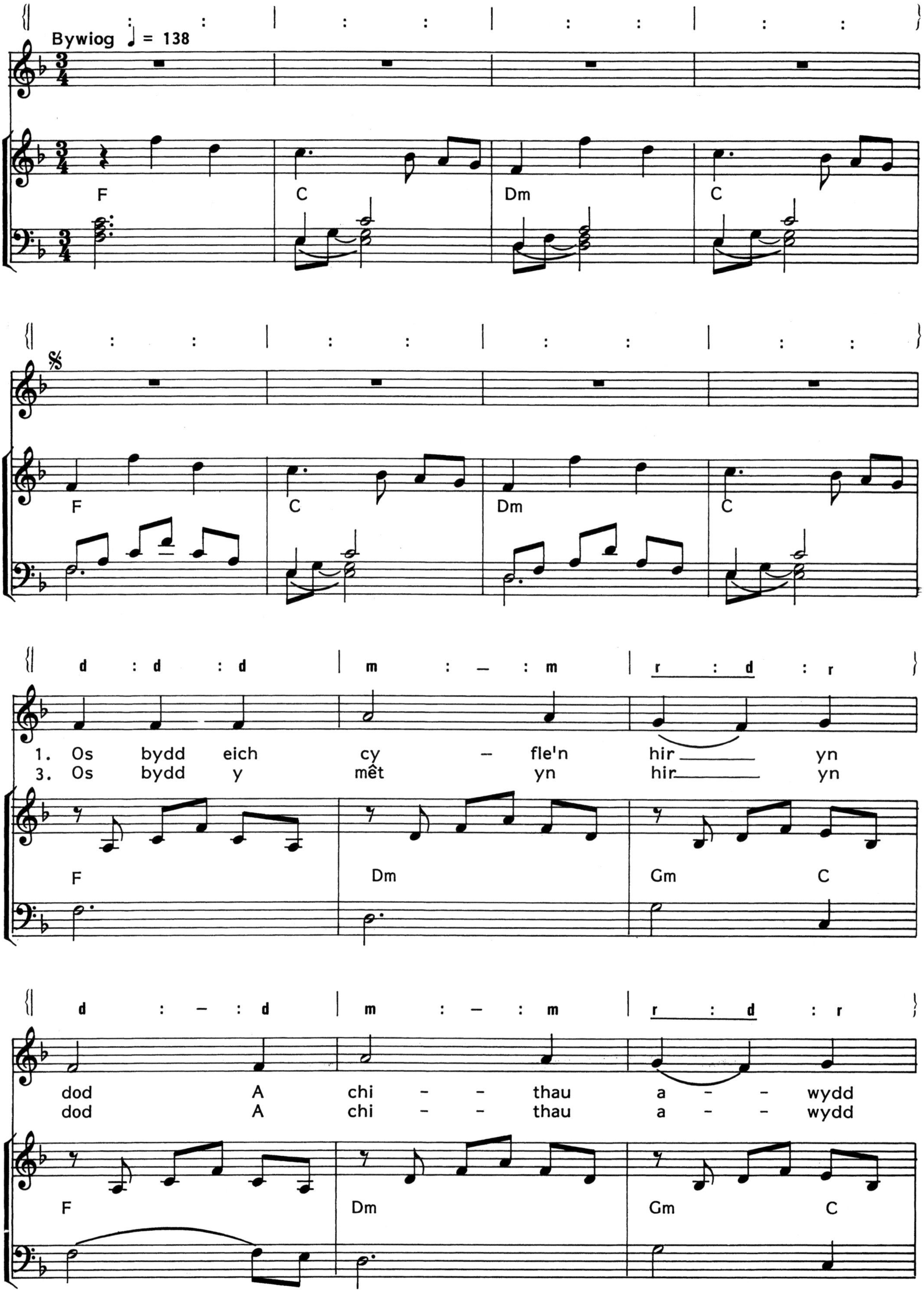

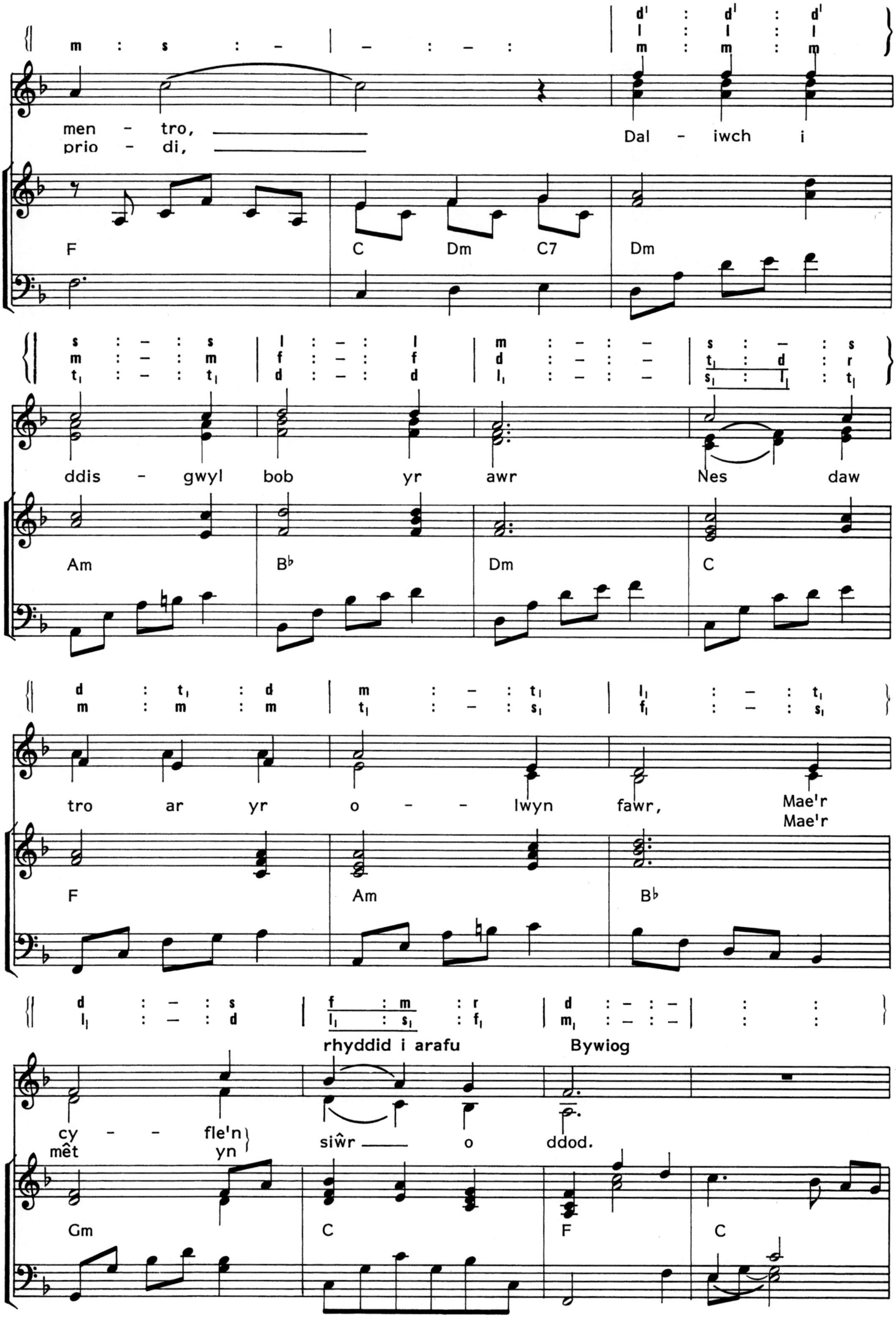
men - tro,
prio - di,
Dal - iwch i
F
C
Dm
C7
Dm
ddis - gwyl bob yr awr
Nes daw
Am
B♭
Dm
C
tro ar yr o - - lwyn fawr,
Mae'r
Mae'r
F
Am
B♭
rhyddid i arafu
Bywiog
cy - - fle'n
mêt yn
siŵr o ddod.
Gm
C
F
C

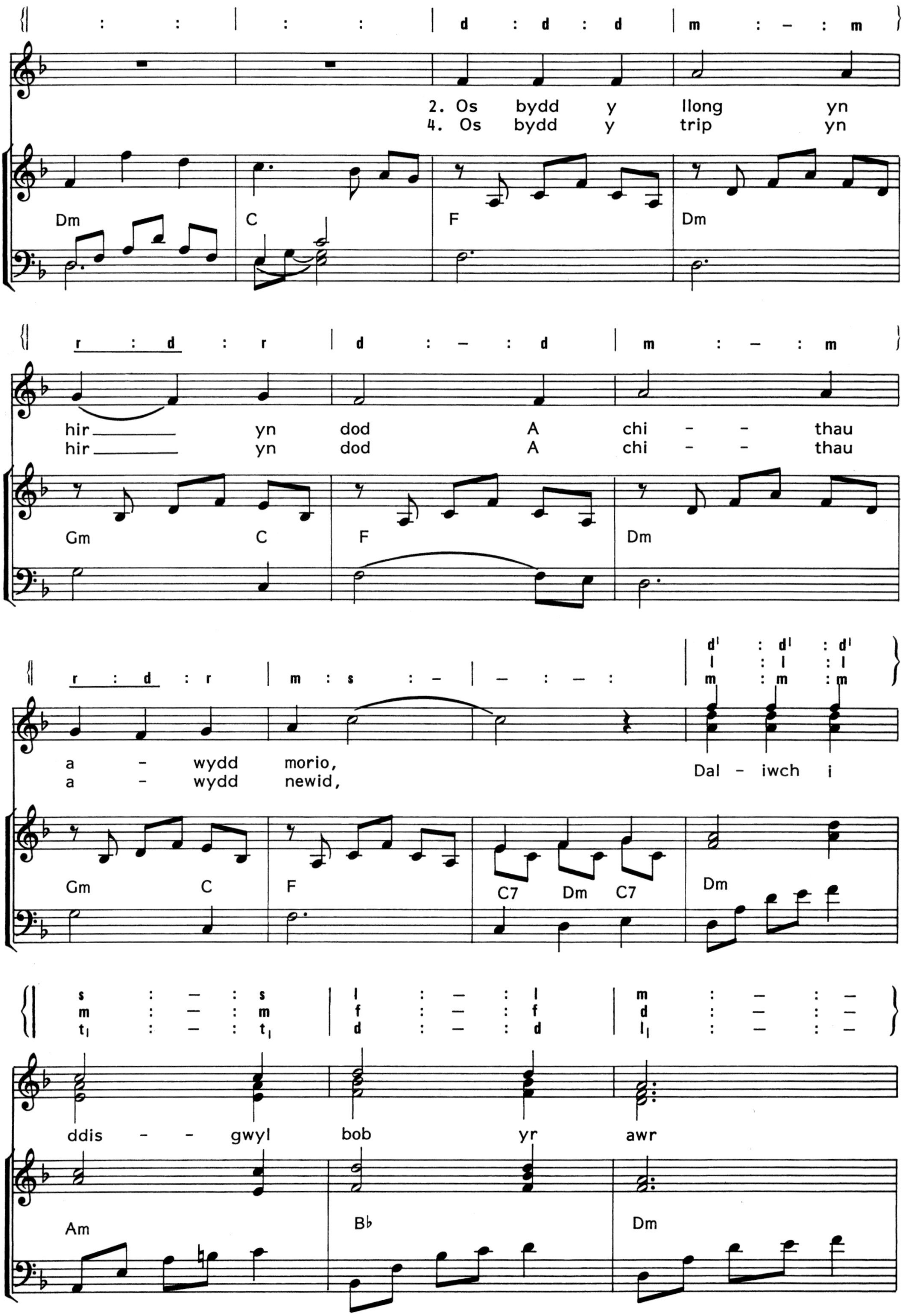

: : | : : | d : d : d | m : – : m
2. Os bydd y llong yn
4. Os bydd y trip yn
Dm C F Dm
r : d : r | d : – : d | m : – : m
hir yn dod A chi – – thau
hir yn dod A chi – – thau
Gm C F Dm
r : d : r | m : s : – | – : – : | d' : d' : d' / l : l : l / m : m : m
a – wydd morio, Dal – iwch i
a – wydd newid,
Gm C F C7 Dm C7 Dm
s : – : s | l : – : l | m : – : –
m : – : m | f : – : f | d : – : –
t, : – : t, | d : – : d | l, : – : –
ddis – – gwyl bob yr awr
Am B♭ Dm

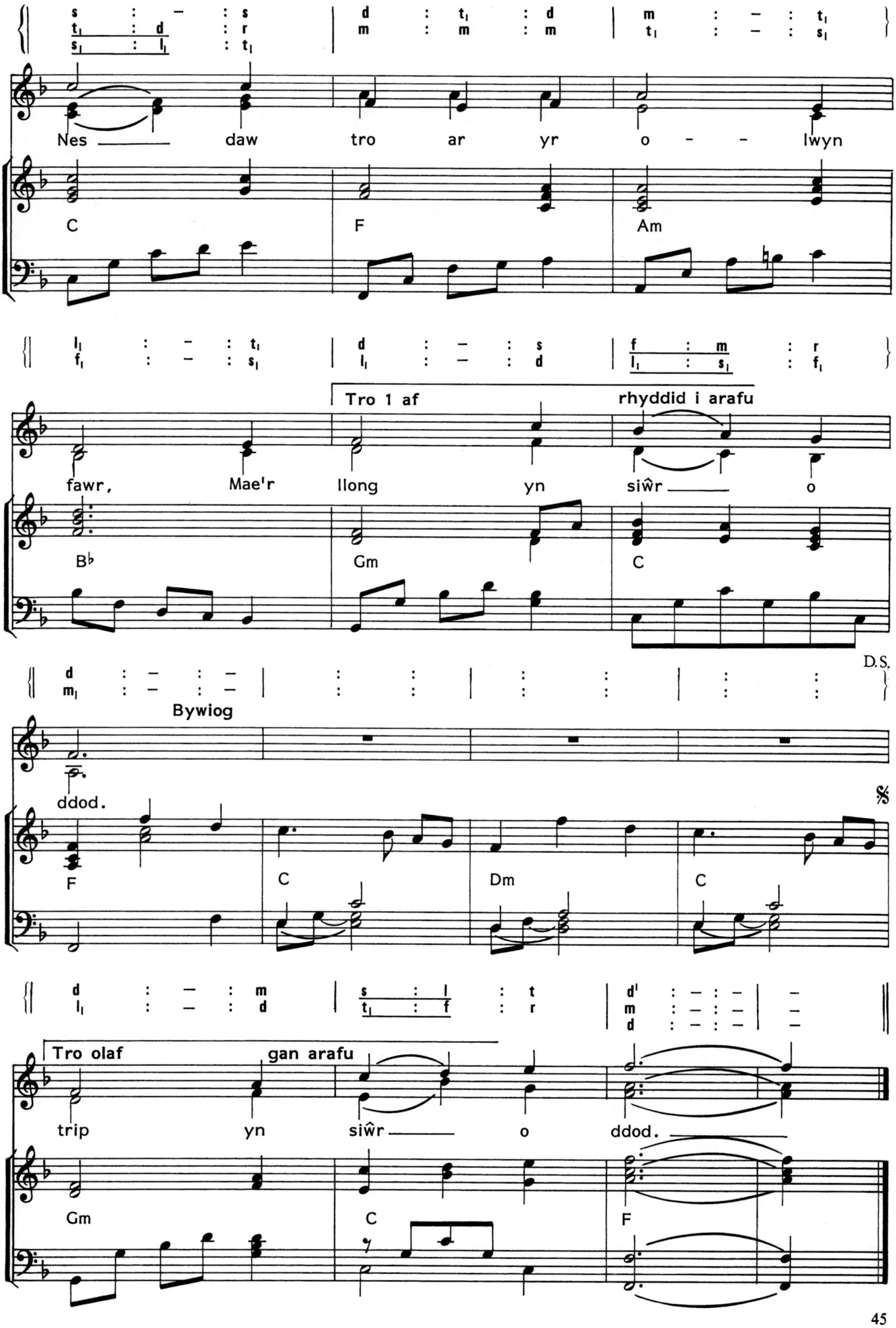
Nes daw tro ar yr o - - lwyn
C F Am
fawr, Mae'r llong yn siŵr o
Tro 1 af
rhyddid i arafu
B♭ Gm C
Bywiog
ddod.
D.S.
F C Dm C
Tro olaf
gan arafu
trip yn siŵr o ddod.
Gm C F

CARIAD

Doh C

Hawlfraint Y Lolfa Cyf.

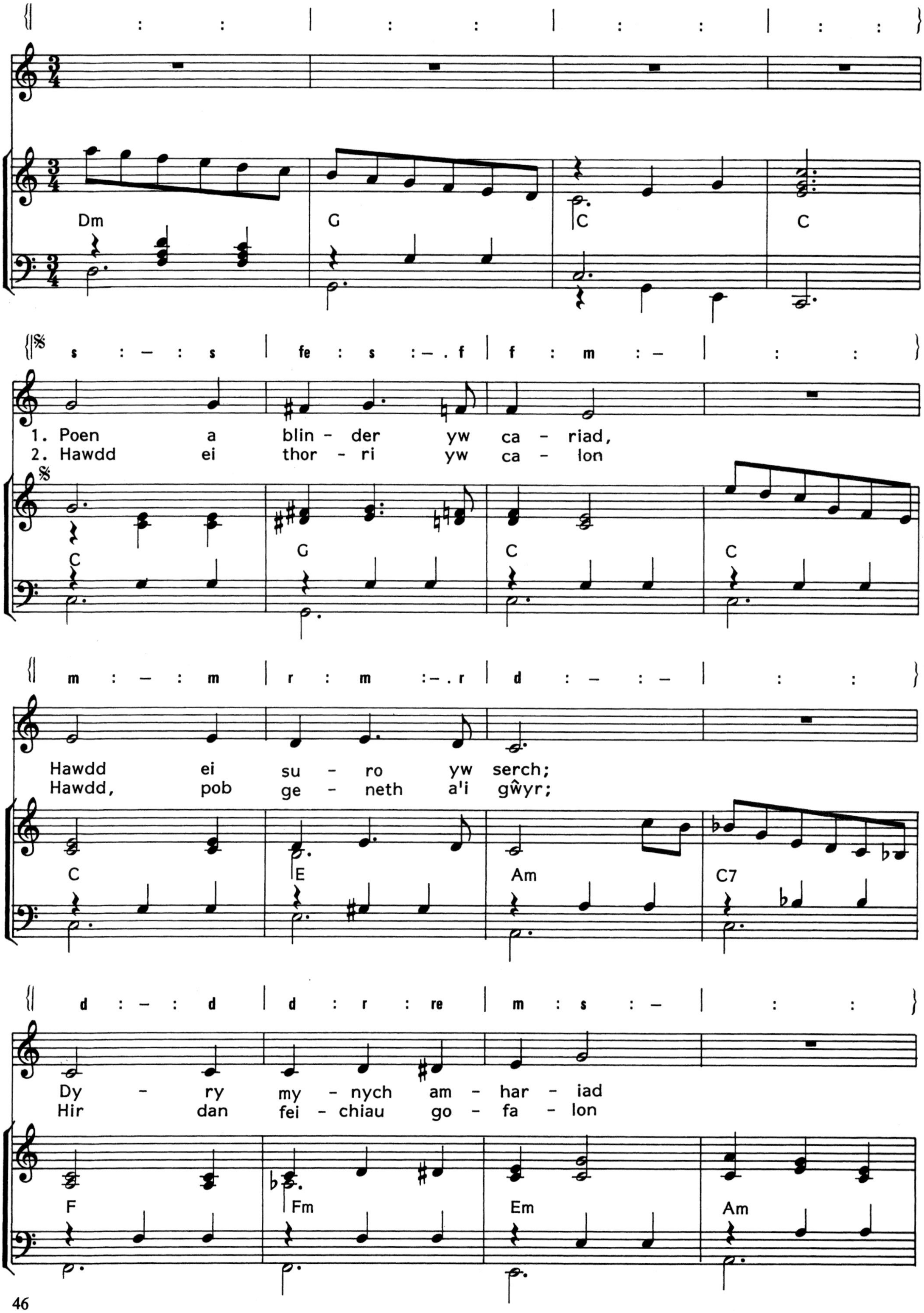

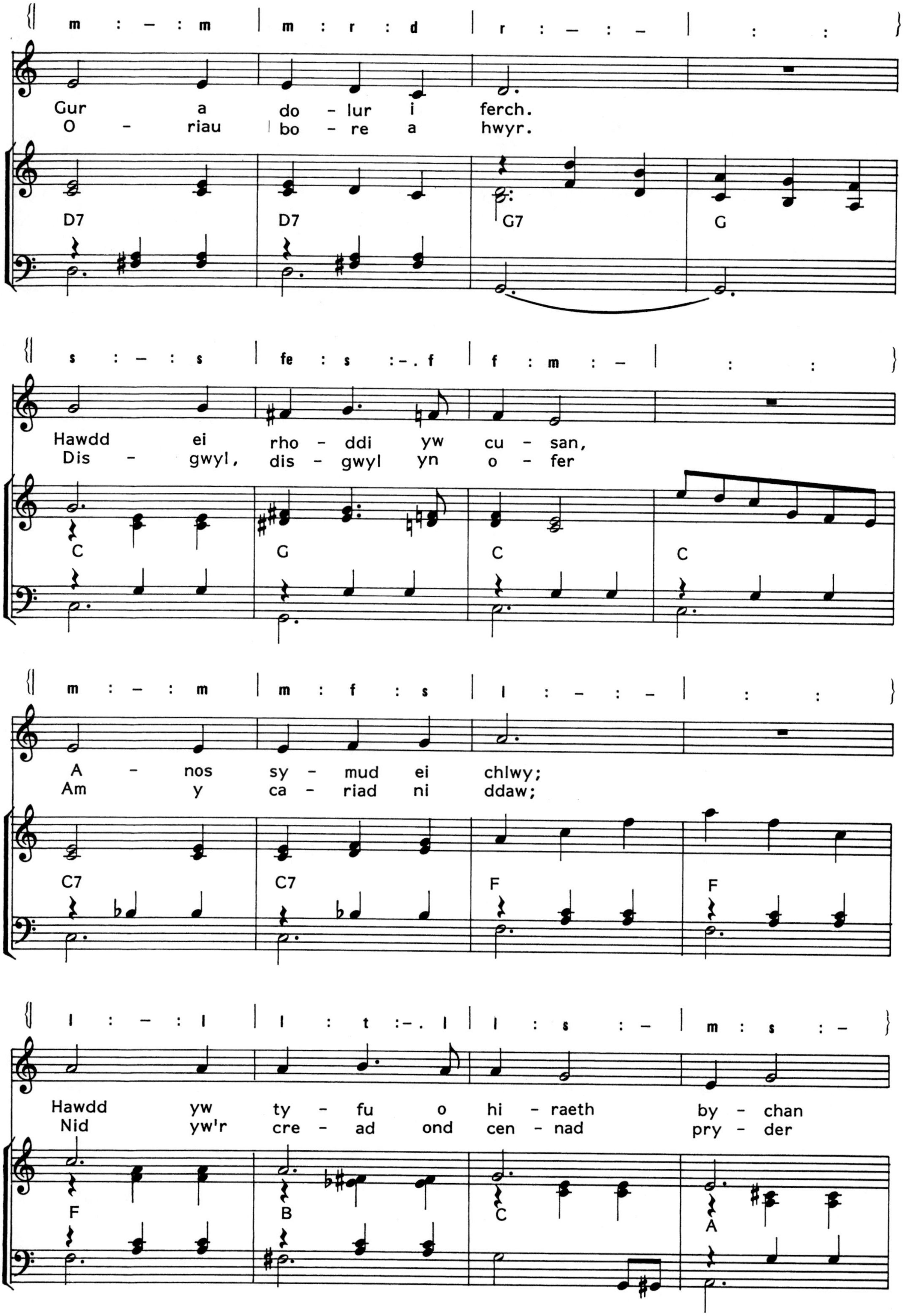
m : – : m | m : r : d | r : – : – | : :
Gur a do - lur i ferch.
O - riau bo - re a hwyr.
D7 D7 G7 G
s : – : s | fe : s :–. f | f : m : – | : :
Hawdd ei rho - ddi yw cu - san,
Dis - gwyl, dis - gwyl yn o - fer
C G C C
m : – : m | m : f : s | l : – : – | : :
A - nos sy - mud ei chlwy;
Am y ca - riad ni ddaw;
C7 C7 F F
l : – : l | l : t :–. l | l : s : – | m : s : –
Hawdd yw ty - fu o hi - raeth by - chan
Nid yw'r cre - ad ond cen - nad pry - der
F B C A

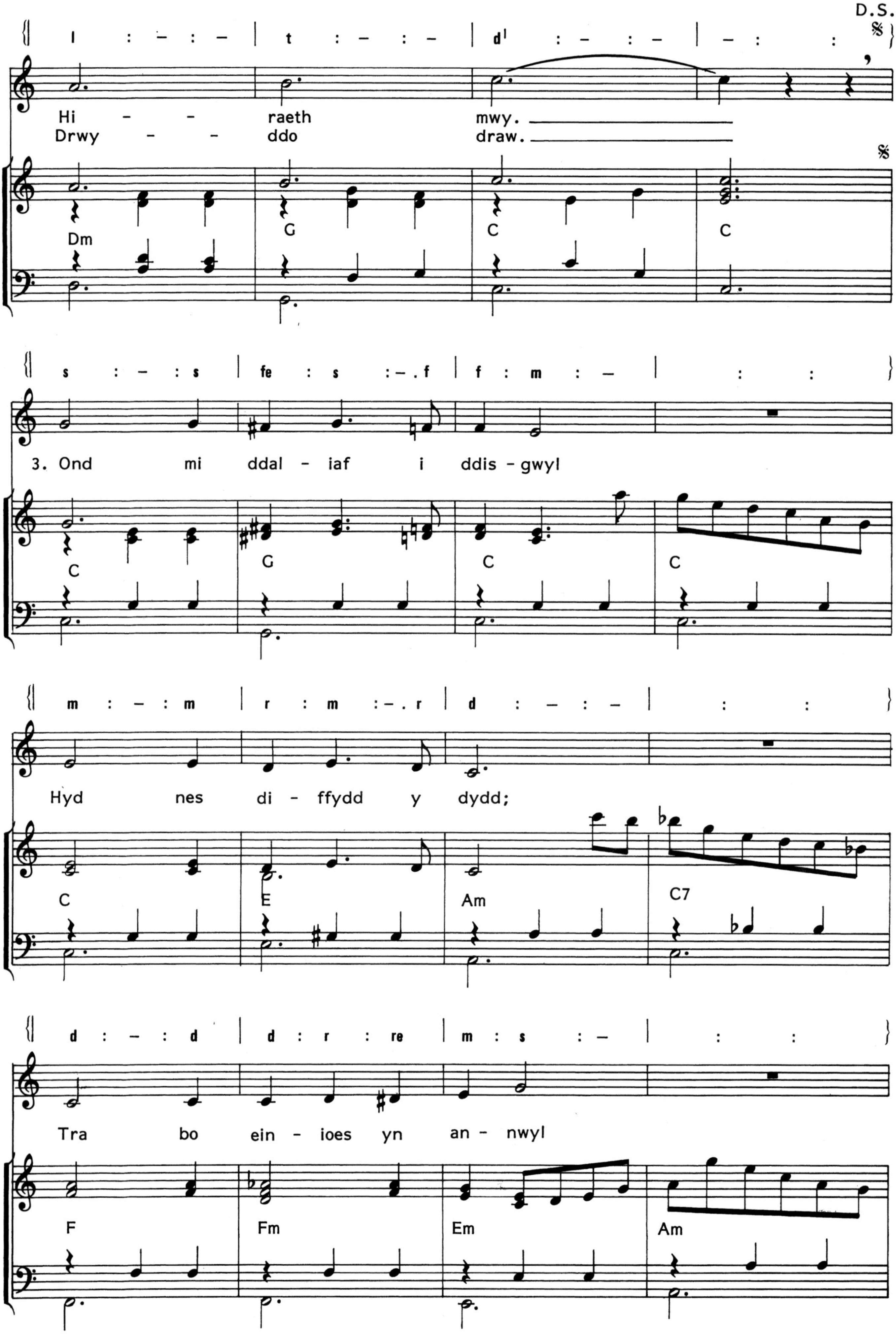
D.S.
l : – : – | t : – : – | d' : – : – | – : :
Hi - - raeth mwy.
Drwy - - ddo draw.
Dm G C C
s : – : s | fe : s : – . f | f : m : – | : :
3. Ond mi ddal - iaf i ddis - gwyl
C G C C
m : – : m | r : m : – . r | d : – : – | : :
Hyd nes di - ffydd y dydd;
C E Am C7
d : – : d | d : r : re | m : s : – | : :
Tra bo ein - ioes yn an - nwyl
F Fm Em Am

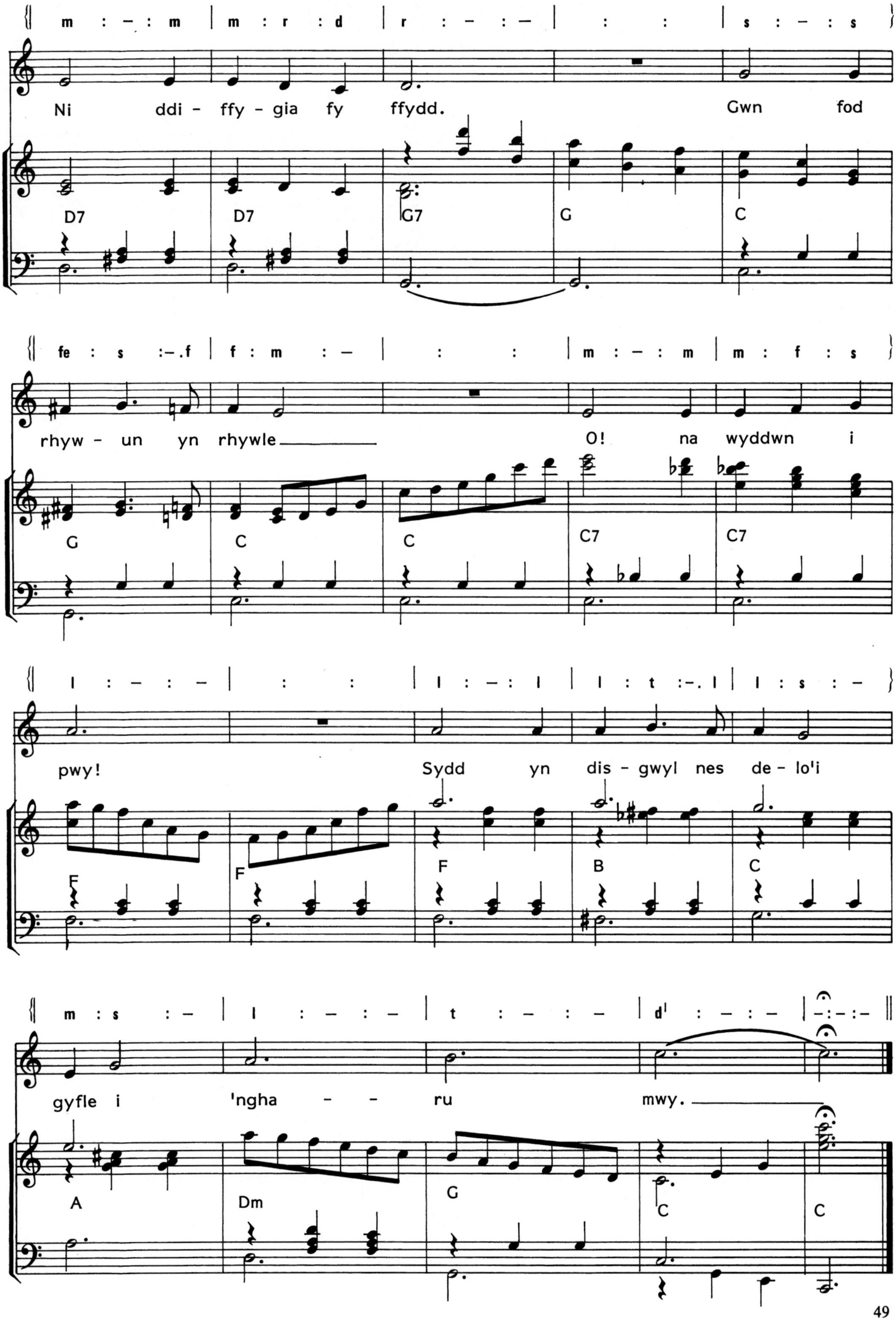
m : – . : m | m : r : d | r : – : – | : : | s : – : s
Ni ddi - ffy - gia fy ffydd. Gwn fod
D7 D7 G7 G C
fe : s :–.f | f : m : – | : : | m : – : m | m : f : s
rhyw - un yn rhywle O! na wyddwn i
G C C C7 C7
l : – : – | : : | l : – : l | l : t :–. l | l : s : –
pwy! Sydd yn dis - gwyl nes de - lo'i
F F F B C
m : s : – | l : – : – | t : – : – | d' : – : – | – : – : –
gyfle i 'ngha - - ru mwy.
A Dm G C C

AR LAN YR AFON

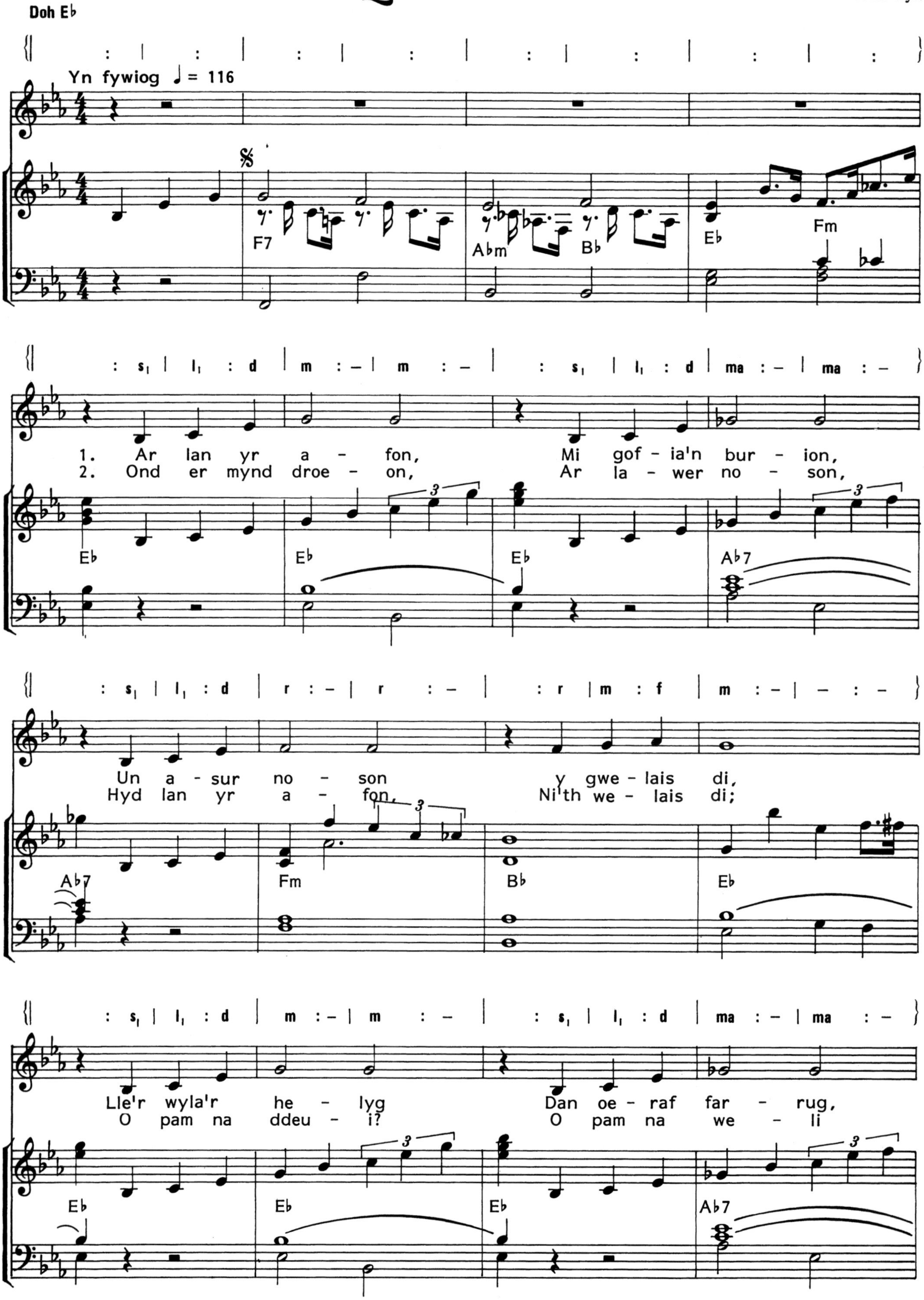

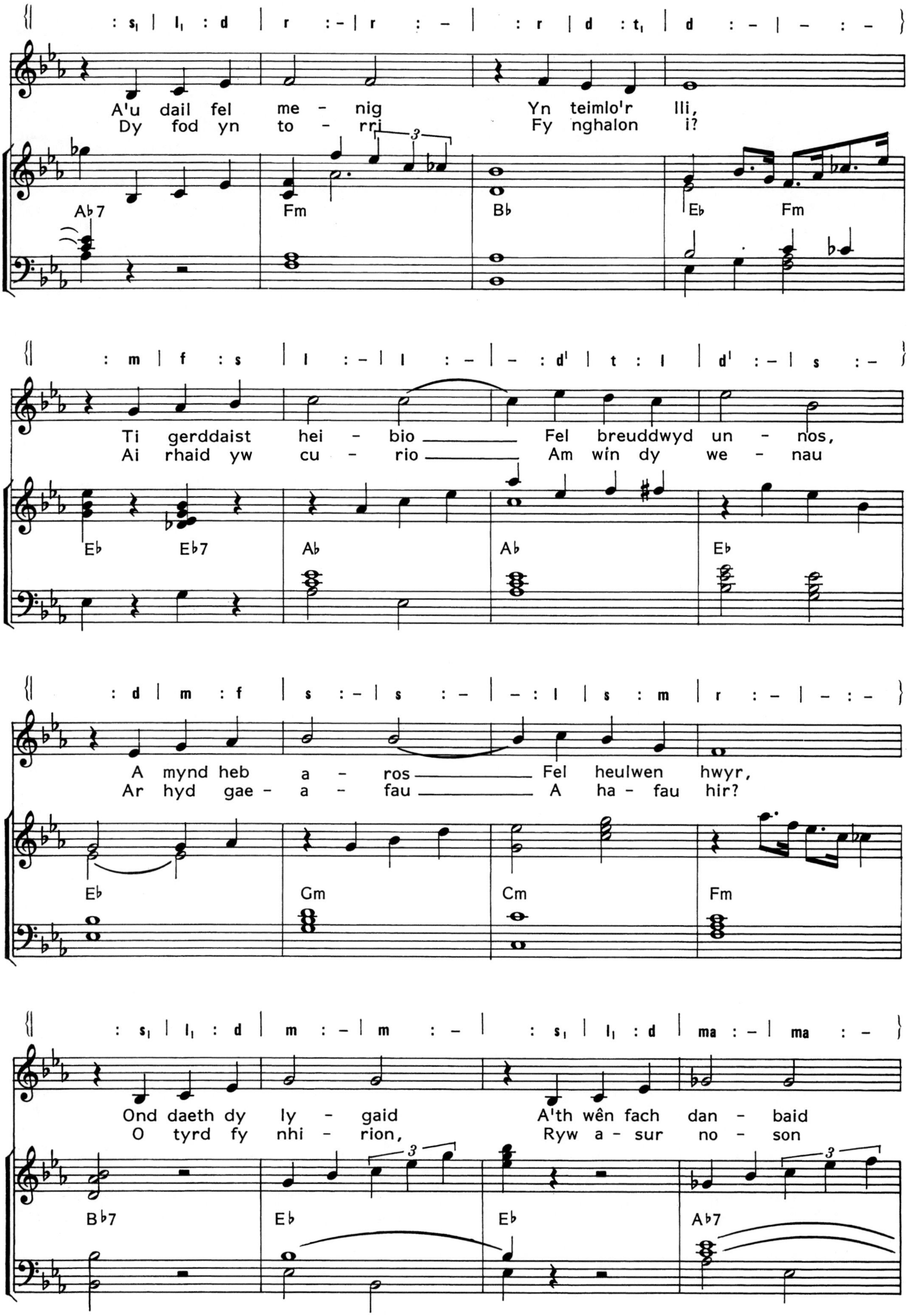
: s, | l, : d | r : – | r : – | : r | d : t, | d : – | – : –
A'u dail fel me – nig Yn teimlo'r lli,
Dy fod yn to – rri Fy nghalon i?
A♭7 Fm B♭ E♭ Fm
: m | f : s | l : – | l : – | – : d' | t : l | d' : – | s : –
Ti gerddaist hei – bio Fel breuddwyd un – nos,
Ai rhaid yw cu – rio Am win dy we – nau
E♭ E♭7 A♭ A♭ E♭
: d | m : f | s : – | s : – | – : l | s : m | r : – | – : –
A mynd heb a – ros Fel heulwen hwyr,
Ar hyd gae – a – fau A ha – fau hir?
E♭ Gm Cm Fm
: s, | l, : d | m : – | m : – | : s, | l, : d | ma : – | ma : –
Ond daeth dy ly – gaid A'th wên fach dan – baid
O tyrd fy nhi – rion, Ryw a – sur no – son
B♭7 E♭ E♭ A♭7

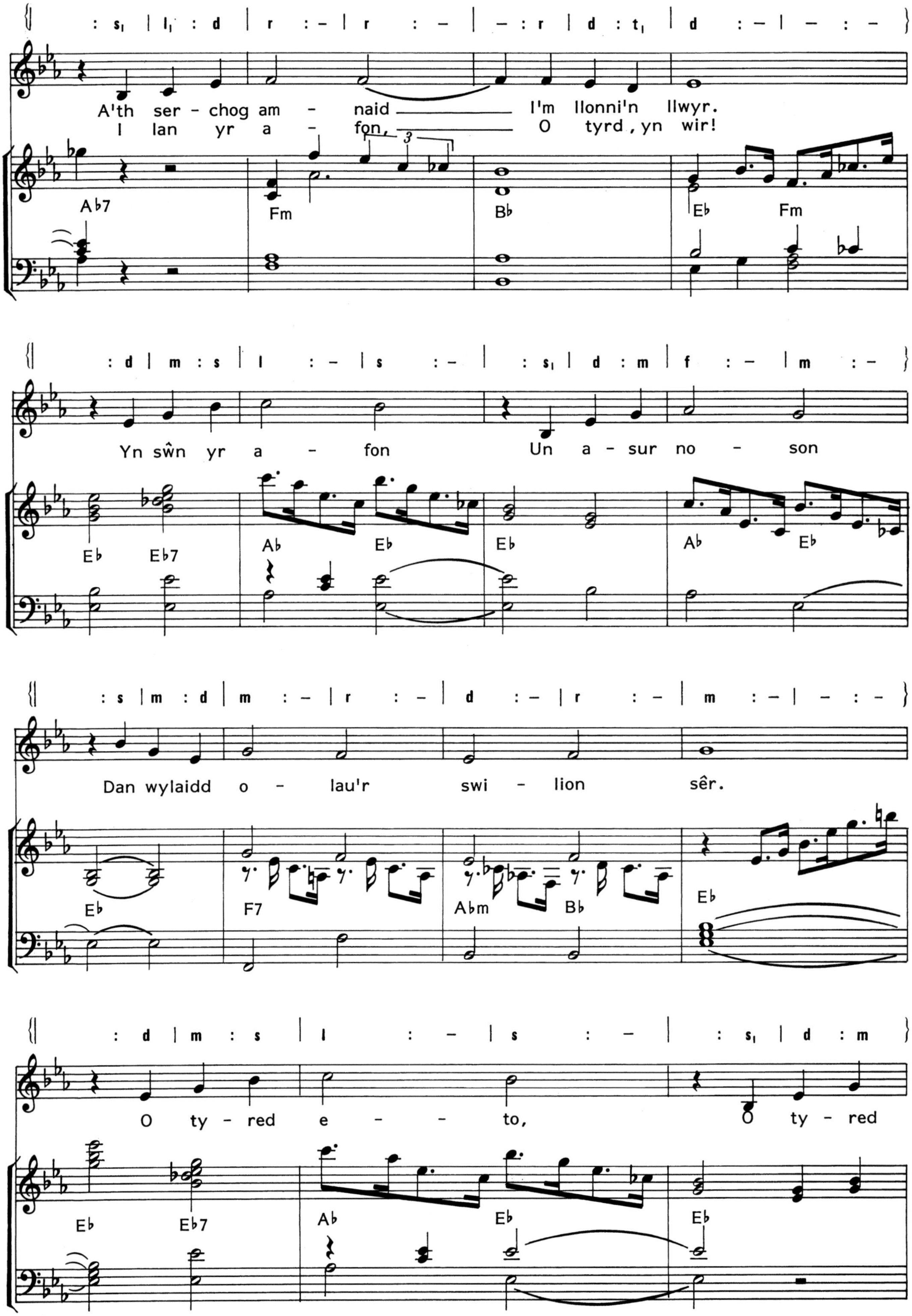

: s, | l, : d | r : – | r : – | – : r | d : t, | d : – | – : –
A'th ser - chog am - naid I'm llonni'n llwyr.
I lan yr a - fon, O tyrd, yn wir!
Ab7 Fm Bb Eb Fm
: d | m : s | l : – | s : – | : s, | d : m | f : – | m : –
Yn sŵn yr a - fon Un a - sur no - son
Eb Eb7 Ab Eb Eb Ab Eb
: s | m : d | m : – | r : – | d : – | r : – | m : – | – : –
Dan wylaidd o - lau'r swi - lion sêr.
Eb F7 Abm Bb Eb
: d | m : s | l : – | s : – | : s, | d : m
O ty - red e - - to, O ty - red
Eb Eb7 Ab Eb Eb

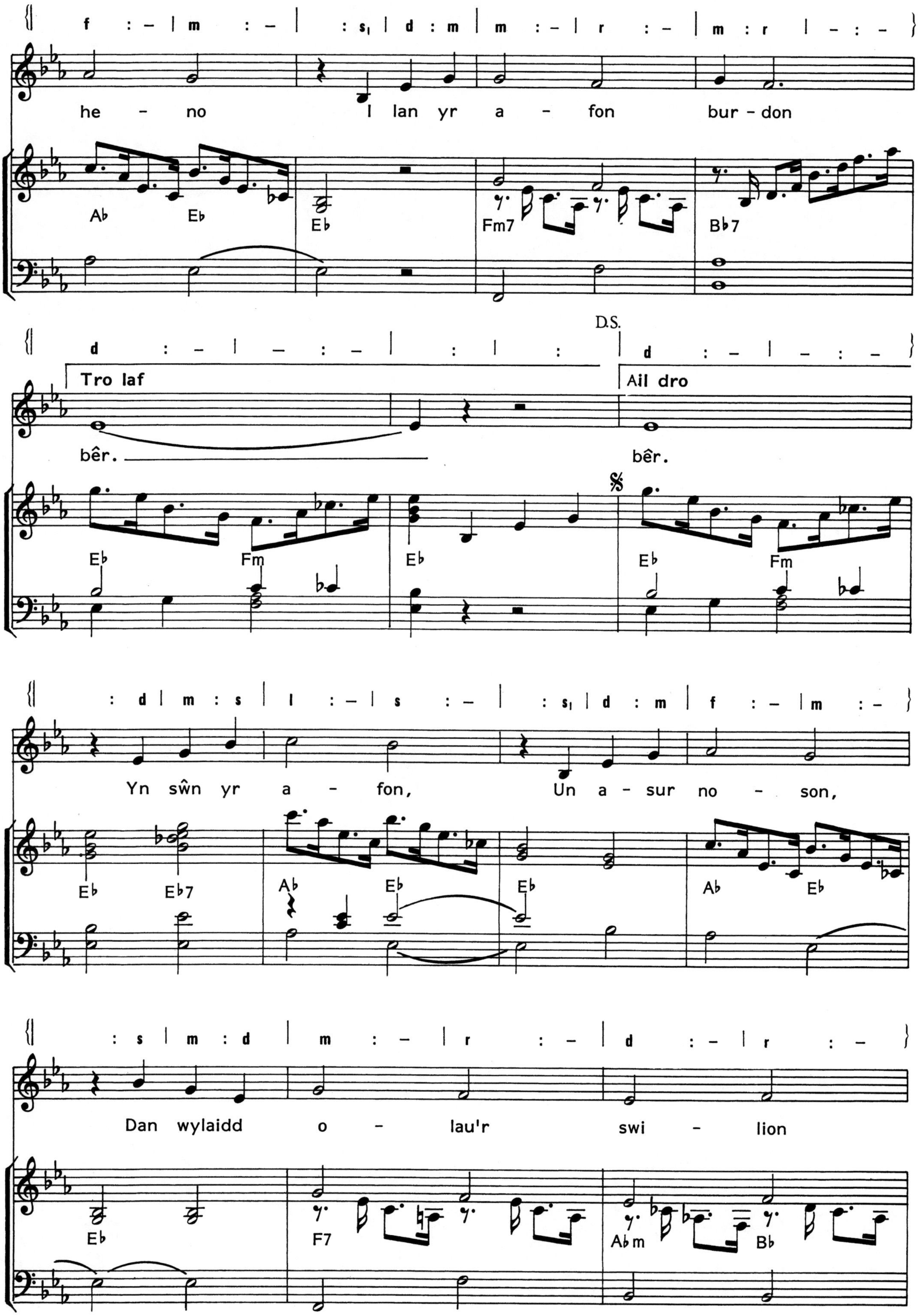
f : – | m : – | : s, | d : m | m : – | r : – | m : r | – : –
he - no I lan yr a - fon bur - don
Ab Eb Eb Fm7 Bb7
D.S.
d : – | – : – | : | : | d : – | – : –
Tro laf
Ail dro
bêr. bêr.
Eb Fm Eb Eb Fm
: d | m : s | l : – | s : – | : s, | d : m | f : – | m : –
Yn sŵn yr a - fon, Un a - sur no - son,
Eb Eb7 Ab Eb Eb Ab Eb
: s | m : d | m : – | r : – | d : – | r : –
Dan wylaidd o - lau'r swi - lion
Eb F7 Abm Bb

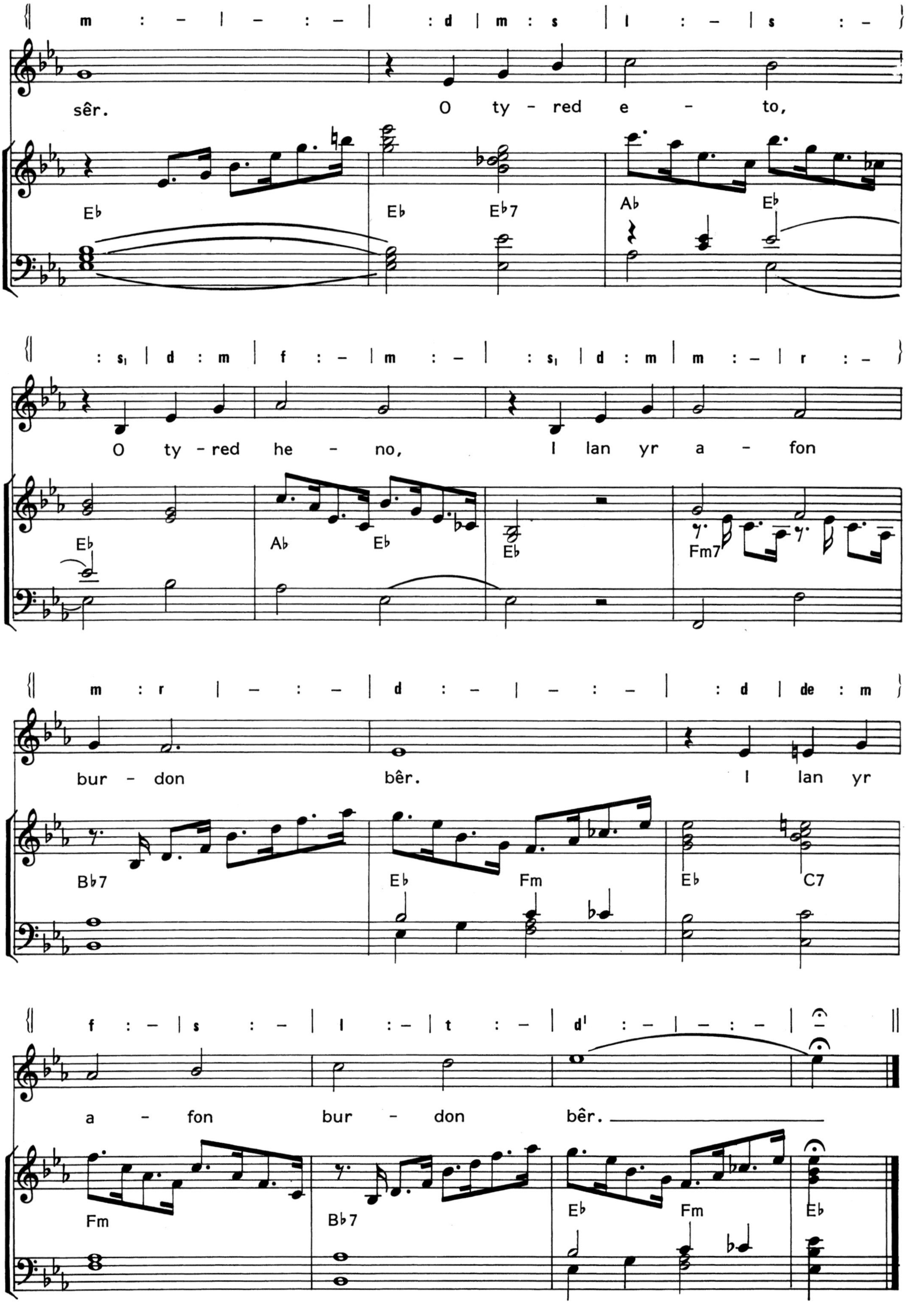
m : – | – : – | : d | m : s | l : – | s : –
sêr. O ty – red e – to,
E♭ E♭ E♭7 A♭ E♭
: s, | d : m | f : – | m : – | : s, | d : m | m : – | r : –
O ty – red he – no, I lan yr a – fon
E♭ A♭ E♭ E♭ Fm7
m : r | – : – | d : – | – : – | : d | de : m
bur – don bêr. I lan yr
B♭7 E♭ Fm E♭ C7
f : – | s : – | l : – | t : – | d' : – | – : – |
a – fon bur – don bêr.
Fm B♭7 E♭ Fm E♭

Y SIPSIWN (CÂN DASHENKA)

Lah E. Doh G

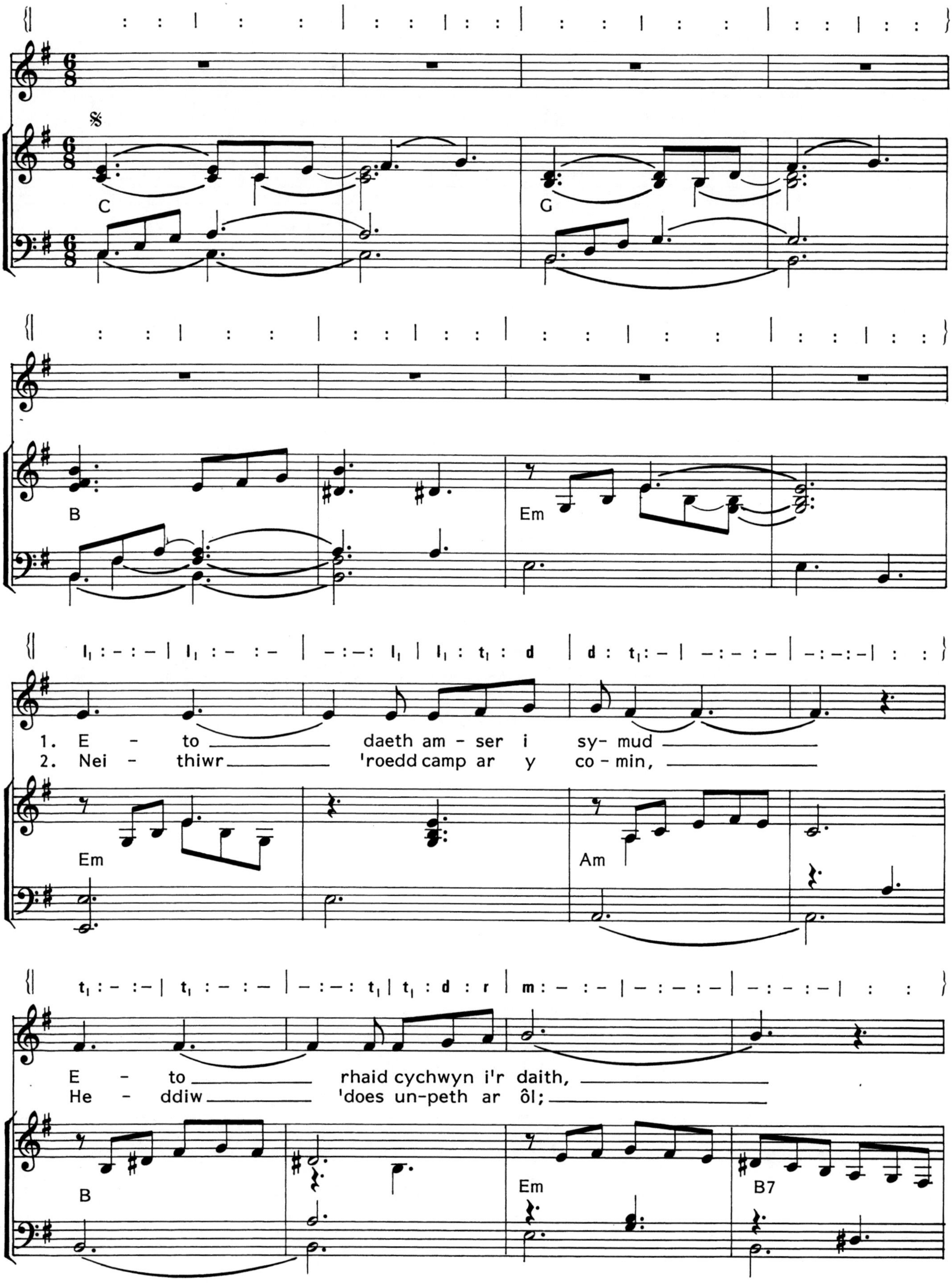

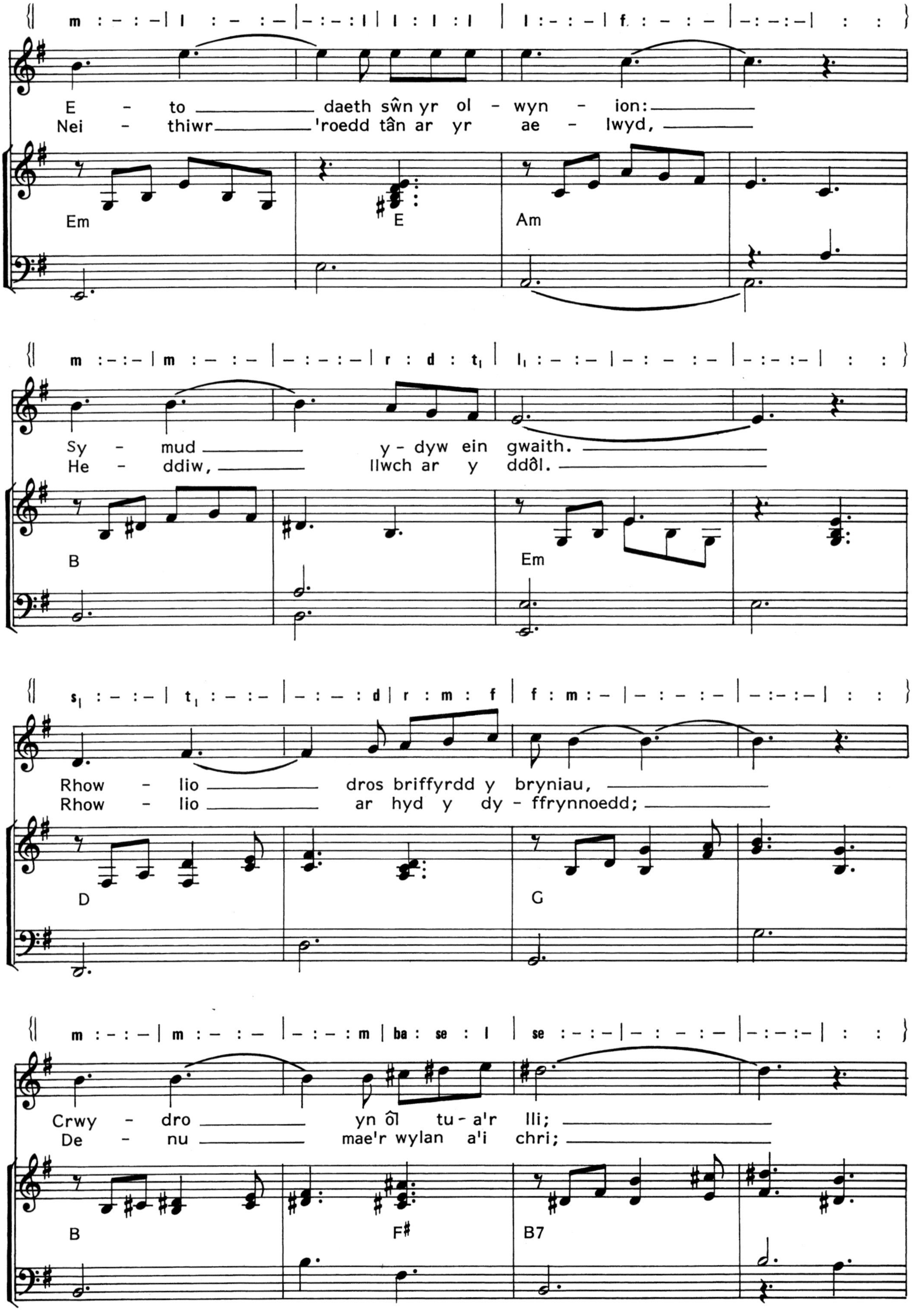
E - to daeth sŵn yr ol - wyn - ion:
Nei - thiwr 'roedd tân ar yr ae - lwyd,
Em E Am
Sy - mud y - dyw ein gwaith.
He - ddiw, llwch ar y ddôl.
B Em
Rhow - lio dros briffyrdd y bryniau,
Rhow - lio ar hyd y dy - ffrynnoedd;
D G
Crwy - dro yn ôl tu - a'r lli;
De - nu mae'r wylan a'i chri;
B F# B7

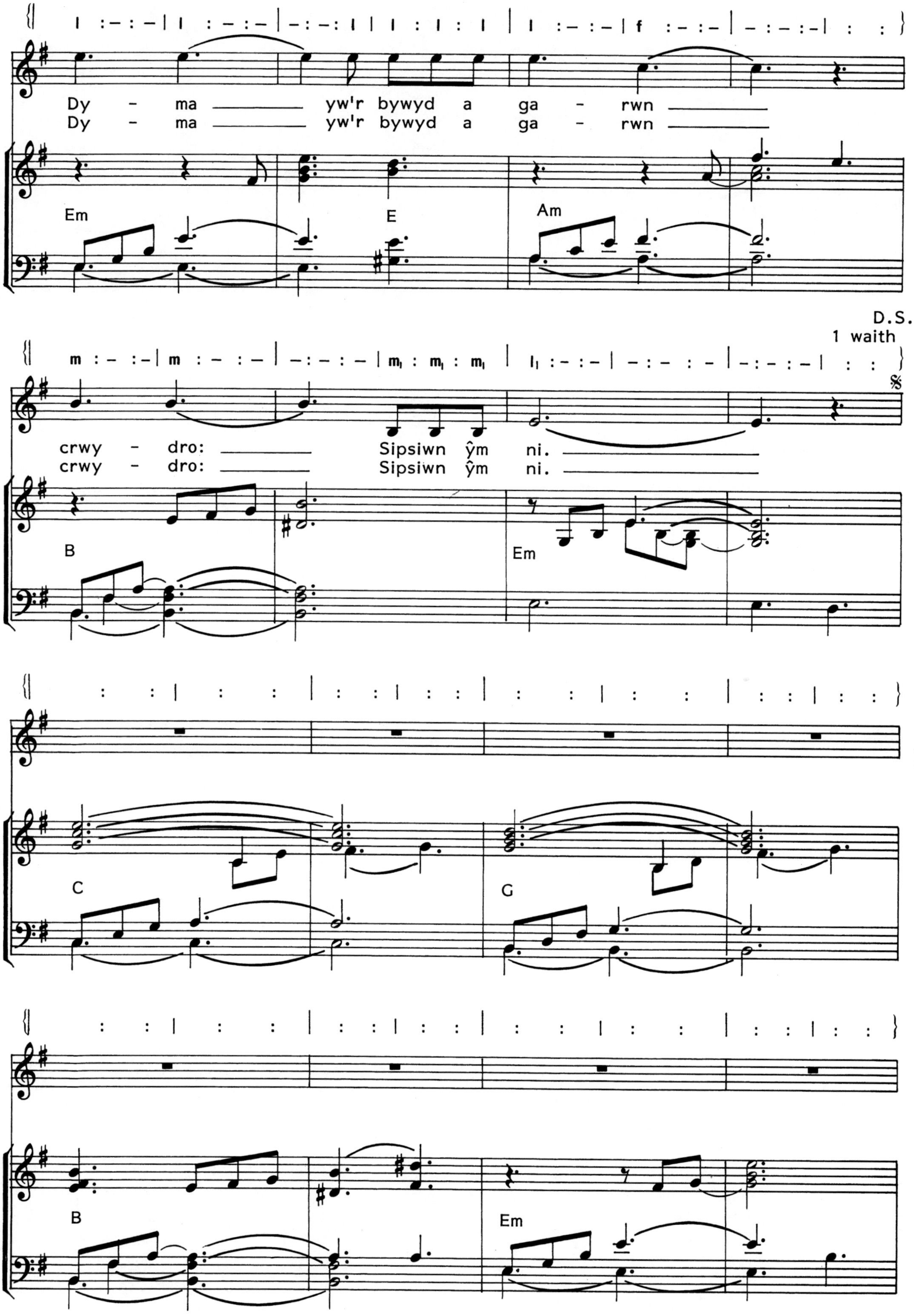

Dy - ma yw'r bywyd a ga - rwn
Dy - ma yw'r bywyd a ga - rwn
Em E Am
D.S.
1 waith
crwy - dro: Sipsiwn ŷm ni.
crwy - dro: Sipsiwn ŷm ni.
B Em
C G
B Em

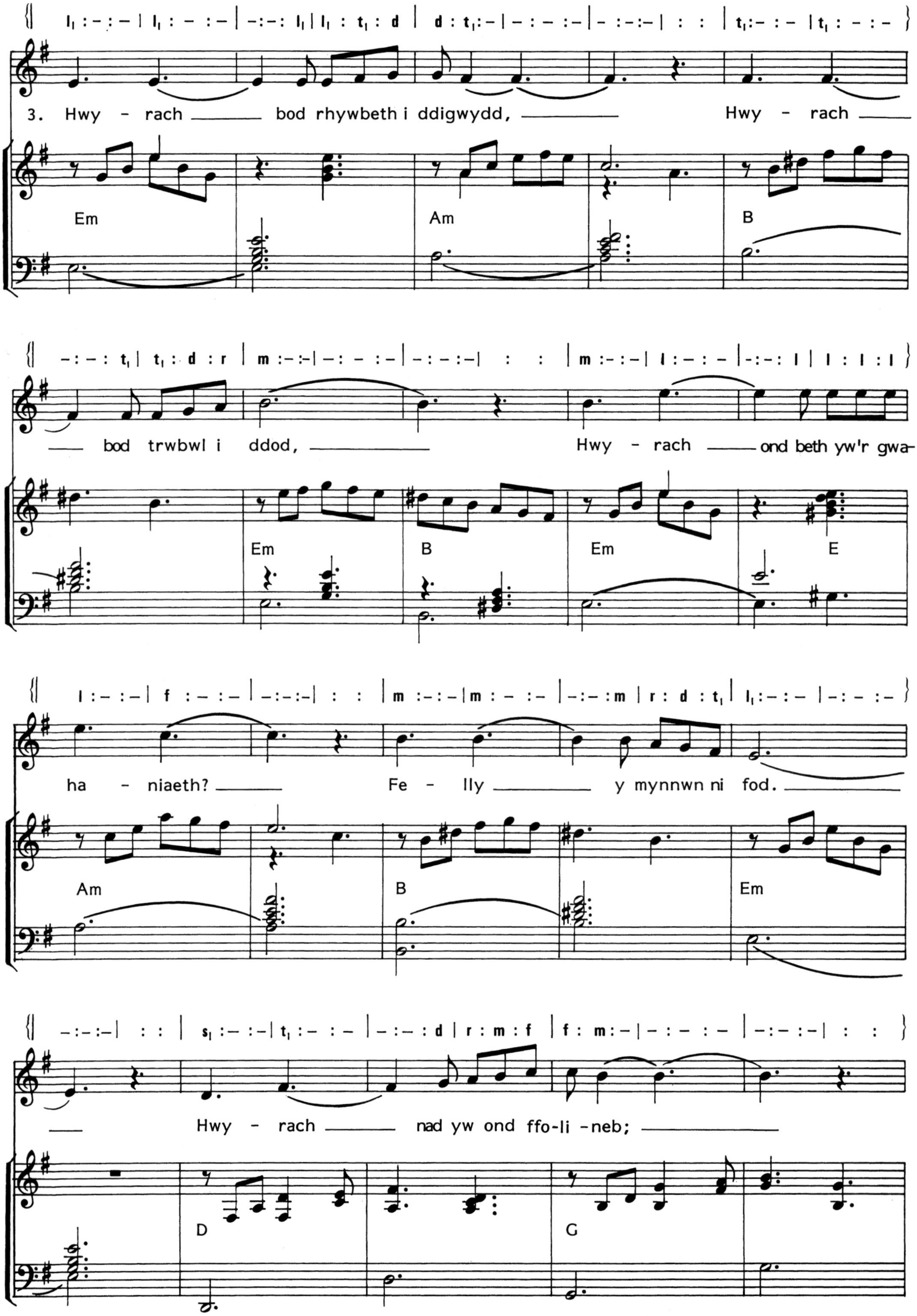
3. Hwy - rach bod rhywbeth i ddigwydd, Hwy - rach
Em
Am
B
bod trwbwl i ddod, Hwy - rach ond beth yw'r gwa-
Em
B
Em
E
ha - niaeth? Fe - lly y mynnwn ni fod.
Am
B
Em
Hwy - rach nad yw ond ffo-li -neb;
D
G

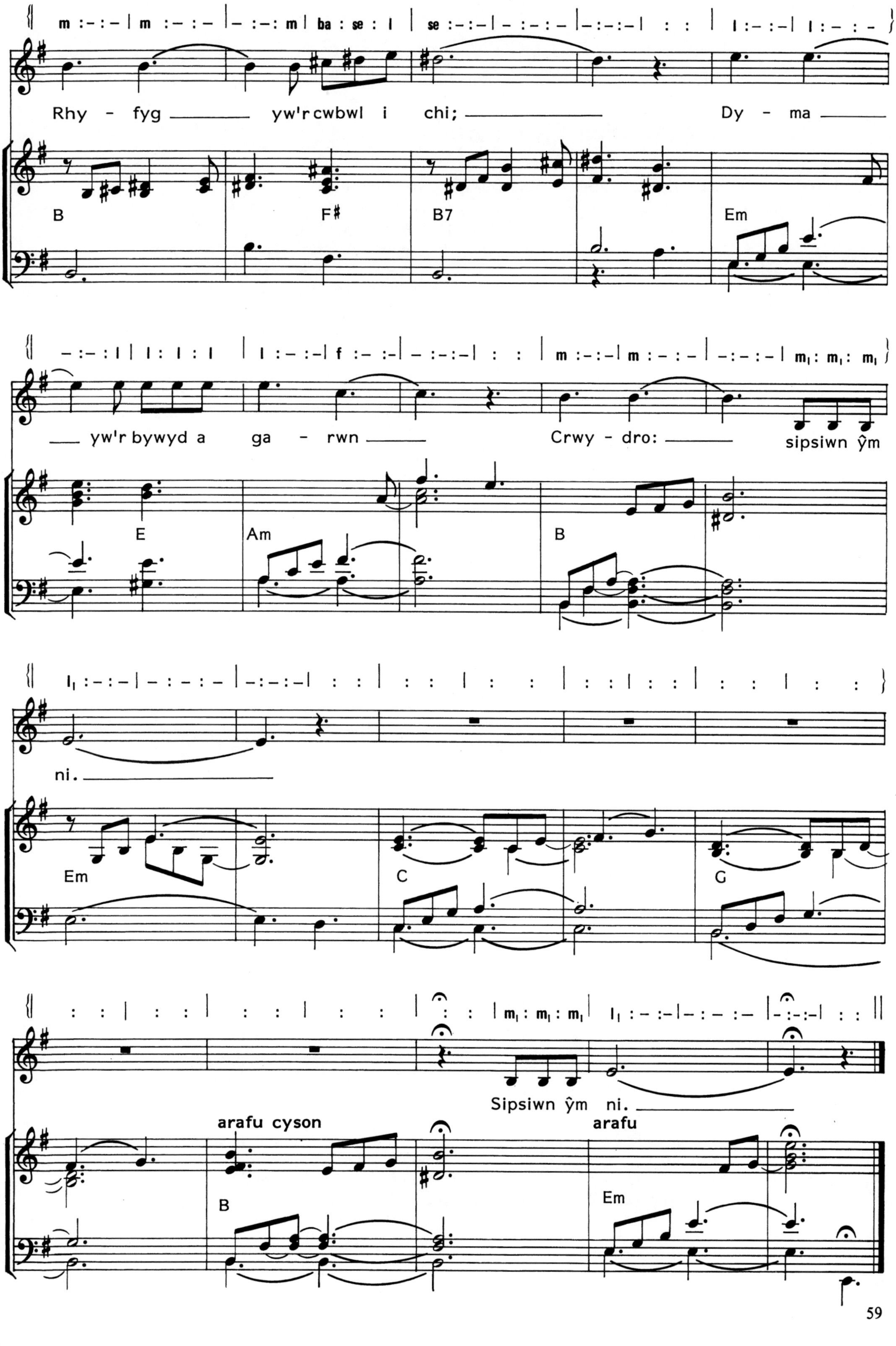
Rhy - fyg ywr'r cwbwl i chi; Dy - ma ywr'r bywyd a ga - rwn Crwy - dro: sipsiwn ŷm ni.
Sipsiwn ŷm ni.
B F♯ B7 Em E Am B Em C G B Em
arafu cyson
arafu

Y Cantorion Gwreiddiol

Sef y rhai a ganodd y caneuon hyn y tro cyntaf.

Avignon:	*Pedwarawd Caereinion (Glanmor Griffiths, Aled Jones, Alun Jones ac Allen Williams) dan arweiniad Emyr Thomas, yn y ddrama-ganu* 'La Parisienne' *(BBC, Rhaglen Cymru, Mawrth 30, 1954).*
Fy Llong Fach Arian i:	*Sassie Rees a Thriawd y Coleg (Meredydd Evans, Cledwyn Jones a Robin Williams).*
Hir yw Pob Aros:	*Sassie Rees.*
L'Amour:	*Meredydd Evans.*
Llais a Gwên:	*Meredydd Evans.*
Pan Ddof i o'm Crwydro Adref:	*Sassie Rees a Thriawd y Coleg.*
Santa Clos:	*Meredydd Evans, yn y ddrama-ganu 'Santa a'r Tri Cabalero' (BBC, Rhaglen Cymru, 'Awr y Plant', Rhagfyr 20, 1948).*
Tyrd i'r Mynydd:	*Parti'r Ffin dan arweiniad Mair Carrington Roberts.*
Yr Olwyn Fawr:	*Sassie Rees.*
Cariad:	*Sassie Rees.*
Ar Lan yr Afon:	*Sassie Rees, Côr Meibion Dyffryn Nantlle dan arweiniad C.H. Leonard, a band Harold Dobbs (Chwaraewyr yr Academi).*
Y Sipsiwn (Cân Dashenka):	*Sassie Rees a Thriawd y Coleg, yn y ddrama-ganu 'Carafán ar y Comin' (BBC, Rhaglen Cymru, 'Awr y Plant', Tachwedd 10, 1949). Dashenka oedd enw'r sipsi fach yn y ddrama.*

Y cyfeilyddion i'r caneuon cynharaf oedd Ffrancon Thomas a Maimie Noel Jones ar y ddau biano, ac i'r caneuon diweddarach, Harold Dobbs. Cafwyd cymorth y cerddor a'r cyfansoddwr adnabyddus T.Gwynn Jones (Llanfairfechan) hefyd o dro i dro.